# Overfor Slike Ting Finnes Det Ingen Lov

Åndens Resultat

# Overfor Slike Ting Finnes Det Ingen Lov

Dr. Jaerock Lee

**Overfor Slike Ting Finnes Det Ingen Lov** av Dr. Jaerock Lee
Utgitt av Urim Bøkene (Representant: Sungnam Vin)
73, Yeouidaebang-ro 22-gil, Dongjak-gu, Seoul, Korea
www.urimbooks.com

Alle rettigheter forbeholdt. Denne boken eller deler av den må ikke bli kopiert, oppbevart i et oppbevarings system, eller overført i noen som helst form eller på noen som helst måte, elektronisk, mekanisk, foto kopiert, opptatt eller på noen annen måte uten skriftlig tillatelse ifra utgiveren.

Kopierings rettigheter © 2020 av Dr. Jaerock Lee
ISBN: 979-11-263-0528-5 03230
Oversettelses Rettigheter © 2014 av Dr. Esther K. Chung. Brukt ved tillatelse.

*Først Utgitt i februar 2020*

Tidligere utgitt i Korea i 2009 av Urim Bøkene i Seoul, Korea.

Redigert av Dr. Geumsun Vin
Designet av Urim Bøkenes Redigerings Byrå
Trykket av Prione Printing
For mer informasjon, vennligst ta kontakt med: urimbook@hotmail.com

*"Men resultatet fra Ånden er kjærlighet, lykke, fred, tålmodighet, vennlighet, godhet, trofasthet, forsiktighet, selvbeherskelse; og overfor slike ting finnes det ingen lov."*

Galaterne 5:22-23

Forord

De kristne vinner en sann frihet
når de tar imot resultatene fra en Hellige Ånd,
og som det ikke finnes noen lov overfor.

Alle må følge lover og regler i deres gitte forhold. Hvis de føler det som om lovene er akkurat som lenker som holder dem bundet, vil de føle det som utålelig og smertefullt. Og bare på grunn av at de synes det er vanskelig hvis de fortsetter spredningen og uorden, kan en ikke kalle dette frihet. Etter at de føyer seg til slike ting, vil de bare ha en følelse av tomhet, og det vil til slutt bare bli den evige døden som venter på dem.

Ekte frihet er å bli satt fri fra den evige døden og fra alle tårer, sorg, og smerte. Det er også for å kunne styre egenskapen som gir oss slike ting og for å få makten til å undertrykke dem. Kjærlighetens Gud vil ikke at vi skal på noen måte lide, og på grunn av dette skrev Han ned i Bibelen hvordan vi kan nyte det evige livet og den virkelige friheten.

Forbrytere som bryter loven i landet ville bli nervøse hvis de får øye på politiet. Men de som holder seg godt til loven vil ikke ha den samme følelsen, men de kan alltid spørre politiet om hjelp, og de vil også føle seg sikrere sammen med politiet.

På samme måte er det for de som lever i sannheten og som ikke frykter noe og de nyter den sanne friheten, fordi de forstår at Guds lov er veien til velsignelsene. De kan nyte friheten akkurat som hvalene som svømmer i havet og ørnene som flyr i luften.

Guds lov kan stort sett bli kategorisert som fire forskjellige ting. Den forteller oss hva vi kan og ikke kan gjøre, hva vi kan kaste bort og hva vi kan beholde. Ettersom dagene går vil verden få flere og flere syndige merker og ondskap, og på grunn av dette vil flere og flere mennesker føle tungheten med Guds lov og ikke holde på den. Israelerne under det Gamle Testamentets tider led veldig mye når de ikke holdt seg til Loven til Moses.

Så Gud sendte Jesus hit til jorden og satte alle mennesker fri fra Lovens forbannelse. Den uskyldige Jesus på korset, og all de som tror på Ham, kan bli frelst gjennom troen. Når mennesker mottar gaven fra den Hellige Ånd ved å akspetere Jesus Kristus, da blir de Guds barn, og de kan også holde på utbytte fra den Hellige Ånd gjennom den Hellige Ånds ledelse.

Når den Hellige kommer inn i vårt hjerte, da vil Han hjelpe oss med å forstå Guds ting og hvordan vi skal leve ifølge Guds Ord. Når det for eksempel finnes noen som vi ikke riktig kan tilgi, da vil Han minne oss om tilgivelsen og kjærligheten til Herren og hjelpe oss med å tilgi denne personen. Da kan vi hurtig kaste vekk ondskapen som vi har i hjertet vårt og erstatte det med godhet og kjærlighet. På denne måten, vil vi ikke bare nyte friheten gjennom sannheten, men vi vil også motta en masse kjærlighet og velsignelser fra Gud, idet vi tar til oss den Hellige Ånds avkastning.

Gjennom Åndens avkastning kan vi sjekke oss selv og se hvor rene vi er og hvor nærme vi kan komme til Guds trone, og hvor mye vi har kultivert vårt hjerte for Herren, Han som er selve brudgommen. Jo mer avkom fra Ånden vi sitter med, jo lysere og vakrere vil det himmelske oppholdsstedet som vi til slutt kommer til bli. For å kunne komme til det Nye Jerusalem i Himmelen, må vi fullstendig og vakkert ta til oss all avkastningen, og ikke bare noe av den.

Denne skriften *Overfor Slike Ting Finnes Det Ingen Lov* vil få oss til å lett forstå de åndelige meningene med de ni fruktene til den Hellige Ånd sammen med spesielle eksempler. Sammen med den Åndelige Kjærligheten i 1. Korinterne 13, og Saligprisningene i Matteus 5, vil den Hellige Ånds avkastninger være et tegn som fører oss til den riktige troen. De vil lede oss helt til vi når det endelige målet av vår tro, det Nye Jerusalem.

Jeg vil takke Geumsun Vin, direktøren for redaktørfirmaet og medarbeiderne, og jeg ber i Herrens navn om at du hurtig vil ta til deg den Hellige Ånds ni frukter gjennom denne boken, slik at du kan nyte en sann frihet og bli det Nye Jerusalems innbyggninger.

*Jaerock Lee*

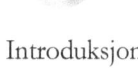

Introduksjon

Veiledning om vår troende reise
til det Nye Jerusalem i Himmelen

Alle er opptatte her i denne moderne verden. De arbeider hardt for å kunne eie og nyte mange eiendeler, men fremdeles er det noen mennesker som har deres egne livsmål samme hvilken retning den vanlige strømmen går. Men til og med disse menneskene vil fra tid til annen kanskje undre på om de virkelig lever et riktig liv. Og da vil de kanskje på dette tidspunktet kikke tilbake på livet deres. I vår troende reise kan vi også få en hurtig vekst og ta snarveien til himmelens kongerike når vi følger Guds Ord.

1. Kapittel, 'Å ta til seg Åndens gave', vil gi forklaring på den Hellige Ånden som vekker opp den døde ånden, som døde på grunn av Adams synd. Det forteller oss at vi kan ta til oss masse av det som den Hellige Ånd gir når vi følger dens ønsker.

2. Kapittel 'Kjærlighet' forteller oss om hva Åndens første gave, 'kjærlighet', handler om. Den vil også vise noen forderveder former for kjærlighet fra Adams nedgang av, og gi oss veien til å kultivere

kjærligheten som tilfredsstiller Gud.

3. Kapittel, 'Lykke' sier at glede er hoved tingen som vi kan sjekke om vår tro er riktig og forklare grunnen til at vi har mistet gleden fra den første kjærligheten. Den forteller oss om de tre måtene vi kan bære gledens gaver, som vi kan juble over og være glade i all slags omstendigheter og situasjoner.

4. Kapittel, 'Fred' forklarer at det er viktig å bryte ned de syndige veggene for å holde fred med Gud, og at vi må holde fred med oss selv og andre. Det vil også få oss til å forstå hvor viktig det er å si gode ord og tenke på ting fra andres synspunkt idet vi holder fred.

5. Kapittel, 'Tålmodighet' å forklare den sanne tålmodigheten er ikke bare å trykke ned sterke følelser gjennom et godt hjerte som ikke har noen ondskap, og at vi vil få store velsignelser når vi har en sann fred. Det vil også utvikle seg til tre forskjellige slags tålmodigheter: tålmodighet for å endre ens hjerte; tålmodighet med mennesker; tålmodighet i hensyn til Gud.

6. Kapittel, 'Vennlighet' lærer oss hva slags person har vennlighet gjennom Herrens eksempel. Når vi kikker på egenskapen med vennlighet, vil det også fortelle oss forskjellen fra 'kjærlighet.' Det vil også til slutt vise oss veien til å motta Guds kjærlighet og velsignelser.

7. Kapittel, 'Godhet' forteller oss om hjertets godhet gjennom Herrens eksempel, Han som verken kranglet eller ropte høyt ut; verken brakk et ødelagt halmstrå eller slukket en glødende veke. Det ser også på forskjellen mellom godheten fra andre gaver slik at vi kan ta til oss godhetens gaver og avgi Kristus aroma.

8. Kapittel, 'Trofasthet' forteller oss om de velsignelsene som vi mottar når vi er trofaste i alle Guds husholdninger. Gjennom Moses og Josefs eksempler, forteller det oss om hva slags person som har båret trofasthetens gaver.

9. Kapittel, 'Forsiktighet' forklarer meningen med vennlighet i Guds øyne, og beskriver egenskapene til de som har en slik gave. Det vil illustrere for oss de fire slags feltene, og hva vi burde gjøre

for å holde på gaven med vennlighet. Til slutt vil den fortelle oss om velsignelsene til de vennlige.

10. Kapittel, 'Selvbeherskelse' demonstrerer grunnen om hvorfor selvbeherskelse blir kalt den siste gaven blant den Hellige Ånd ni frukter, og også viktigheten angående selvbeherskelse. Gaven med selvbeherskelse er en uunnværlig ting, som anvender kontroll over alle de andre gavene fra den Hellige Ånd.

11. Kapittel, 'Overfor slike ting finnes det ingen lov' er avslutningen av denne boken, som vil hjelpe oss til å forstå hvor viktig det er å følge den Hellige Ånd, og ønsker om at alle leserne hurtig vil bli mennesker med den fullstendige ånden ved hjelp fra den Hellige Ånd.

Vi kan ikke si at vi har stor tro bare på grunn av at vi har vært troende i en lang periode, eller bare på grunn av at vi har utrolig mye kunnskap om Bibelen. Troens målestokk kan bli merket av hvor mye vi endrer vårt hjerte til et sannferdig hjerte og hvor mye vi har kultivert Herrens hjerte.

Jeg håper at alle leserne vil kunne sjekke troen deres og ta til seg rikelig av de ni gavene fra den Hellige Ånd under den Hellige Ånds ledelse.

**Geumsun Vin**
Direktør for Redigeringsbyrået

# INNHOLD
*Overfor Slike Ting Finnes Det Ingen Lov*

Forord · vii

Introduksjon · xi

*1. Kapittel*

Å ta til seg Åndens gave — 1

*2. Kapittel*

Kjærlighet — 13

*3. Kapittel*

Lykke — 29

*4. Kapittel*

Fred — 49

*5. Kapittel*

Tålmodighet — 69

*6. Kapittel*
Vennlighet 89

*7. Kapittel*
Godhet 105

*8. Kapittel*
Trofasthet 123

*9. Kapittel*
Forsiktighet 141

*10. Kapittel*
Selvbeherskelse 163

*11. Kapittel*
Overfor slike ting finnes det ingen lov 179

Galaterne 5:16-21

*"Jeg sier dere: Lev et liv i Ånden! Da følger dere ikke begjæret i menneskets kjøtt og blod. For det kjøttet vil, står imot Ånden, og det Ånden vil, står imot det kjøttet vil. Disse ligger i strid med hverandre, så dere ikke er i stand til å gjøre det dere vil. Men blir dere drevet av Ånden, er dere ikke under Loven. Det er klart hva som kommer fra vårt kjøtt og blod: hor, umoral, utskeielser, avgudsdyrkelse, trolldom, fiendskap, strid, sjalusi, sinne, selvhevdelse, stridigheter, splittelser, misunnelse, fyll, festing og mer av samme slag. Jeg har sagt det før, og jeg sier det igjen: De som driver med slikt, skal ikke arve Guds rike."*

*1. Kapittel*

# Å ta til seg Åndens gave

Den Hellige Ånden vekker opp den døde ånden
Å ta til seg Åndens gave
Den Hellige Ånds begjær og kjøttets begjær
La oss ikke miste motet når vi er gode

Å ta til seg Åndens gave

Hvis sjåfører kunne kjøre på en tom hovedvei, ville de få en forfriskende følelse. Men hvis de kjører gjennom stedet for første gang, må de fremdeles kjøre forsiktig og være på vakt. Men hva hvis de har GPS system i bilen? Da får de en detaljert veiledning og riktig ledelse, slik at de kan nå deres mål uten å komme seg bort.

Vår reise gjennom troen på veien til himmelens kongerike er veldig lik dette. For de som tror på Gud og som lever ifølge Hans Ord, den Hellige Ånd vil beskytte dem og lede dem på forveien slik at de kan unngå mange av hindringene og vanskelighetene her i livet. Den Hellige Ånd vil føre oss den korteste veien til vårt mål, himmelens kongerike.

## Den Hellige Ånden vekker opp den døde ånden

Den første mannen Adam, var en levende ånd når Gud skapte ham, og pustet livets ånde inn i hans nesebor. 'Livets Ånde' er 'makten som ligger i det opprinnelige lyset' og dette ble gitt i arv til Adams etterkommere mens de levde i Edens Have.

Men når Adam og Eva var ulydige og ble drevet ut til denne jorden, da var tingene ikke lenger den samme. Gud tok det meste av livets ånde vekk ifra Adam og Eva og forlot bare en liten del tilbake, og dette er 'livets frø.' Og dette livets frø kan ikke bli gitt i arv fra Adam og Eva til barna deres.

Så ved graviditetens sjette måned, vil Gud putte livets frø i barnets ånd og plante det i en kjerne i en celle i hjerte, det som er den sentrale delen av mennesket. I tilfelle til de som ikke har akseptert Jesus Kristus, vil livets frø forbli passivt akkurat som et frø som er dekket av et hardt skjell. Vi sier at ånden er død mens livets frø er passivt. Så lenge ånden forblir død, kan en hverken få et evig liv eller komme til himmelens kongerike.

Siden Adams nedgang, var det forutbestemt at alle mennesker skulle dø. For at de igjen kunne få et evig liv, må de bli tilgitt deres synder, som er den opprinnelige årsaken til døden, og deres døde ånd må bli vekket opp. Av denne grunnen sendte Gud Hans elskede Sønn Jesus hit til jorden som en forsoning og åpnet så veien til frelse. Jesus tok nemlig til seg alle syndene til menneskene og døde på korset for å vekke opp vår døde. Han ble veien, sannheten og livet slik at alle mennesker kunne få et evig liv.

Så når vi aksepterer Jesus Kristus som vår personlige Frelser, da blir våre synder tilgitt; vil blir Guds barn og vil motta gaven fra den Hellige Ånd. Med makten fra den Hellige Ånd, livets frø, som har forholdt seg uvirksomt siden det er dekket med et hardt skjell, vil våkne opp og bli levende. Dette betyr at den døde ånden har blitt vekket opp. Johannes 3:6 vil si angående dette, *"…det som kommer ifra Ånden er selve ånden."* Et frø som har spiret kan bare vokse opp når det får vann og solskinn. Det samme gjelder livets frø som også må få åndelig vann og lys slik at det kan vokse opp etter at den har begynt å spire. For at vi kan få vår ånd til å bli moden, må vi lære om Guds Ord, som er det åndelige vannet, og vi må holde oss til Guds Ord, det som er det åndelige lyset.

Den Hellige Ånd som har kommet inn til vårt hjerte vil fortelle oss om synden, rettferdigheten, og dømming. Han vil hjelpe oss kaste bort synder og ulovligheter og leve i rettferdighet. Han vil gi oss makt slik at vi kan tenke, prate, og oppføre oss i sannheten. Han vil også hjelpe oss med å leve et liv i troen og ha håp og tro om det himmelske kongerike, slik at vår ånd kan ha god oppvekst. La meg gi dere en illustrering slik at dere bedre kan forstå.

Tenk på et barn som vokste opp i en lykkelig familie. En dag dro han opp i fjellene og kikket på den vakre utsikten og ropte, "Hei!" Men så var det en som ropte akkurat det samme tilbake til ham, og sa "Hei!" Gutten spurte overrasket, "Hvem er du?" Den andre gjentok bare det samme tilbake til ham. Gutten ble sint fordi denne gutten apet etter ham, og sa, "Prøver du å slåss med meg?" Igjen hermet gutten bare etter det han hadde sagt. Plutselig følte han at noen kikket på ham og ble redd.

Han gikk hurtig ned fra fjellet og fortalte hans mor om det som hadde skjedd. Han sa, "Mor, det er en virkelig slem gutt oppe i fjellene." Men mores sa med et vennlig smil, "Jeg tror at gutten i fjellet er en god gutt, og at han kan bli din venn. Hvorfor drar du ikke tilbake til fjellet i morgen og sier at du er lei deg?" Neste morgen dro gutten tilbake til fjellet og ropte høyt ut, "Jeg er lei meg for det som skjedde i går! Kanskje du kan bli min venn?" Da kom samme svaret tilbake.

Moren lot sønnen hennes selv finne ut av hva det var. Og den Hellige Ånden vil hjelpe oss på vår reise gjennom troen på samme måte som en vennlig mor gjør.

## Å ta til seg Åndens gave

Når et frø blir sådd, vil det spire, vokse opp, og blomstre, og etter at det blomstrer, vil det til slutt bli frukt. Det er å samme måte med livets frø som Gud har plantet inne i oss og som vil spire gjennom den Hellige Ånd, det vil vokse opp og bære frukt fra den Hellige Ånd. Men ikke alle de som har mottatt den Hellige Ånd vil få gaver fra den Hellige Ånd. Vi kan bare få gaver ifra den Hellige Ånd når vi følger den Hellige Ånds ledelse.

Den Hellige Ånd kan bli i likhet med en generator. Elektrisitet vil komme fra generatoren når den kjører. Hvis generatoren er tilkoblet en lyspære og gir elektrisitet, da vil lyspæren skinne. Når det finnes lys, da vil mørket forsvinne. Det samme gjelder når den Hellige Ånd arbeider inne i oss. Da vil mørket forsvinne, fordi det vil bli lys i hjertene våre. Da kan vi ta imot gavene fra den Hellige Ånd.

Det vil si at det finnes en betydelig ting her. For at lyspæren skal skinne, gjelder det ikke bare å koble den til generatoren. Noe må også kjøre generatoren. Gud har gitt oss generatoren som heter den Hellige Ånd, og det er oss som må kjøre denne generatoren, den Hellige Ånd.

For at vi kan kjøre generatoren til den Hellige Ånd, må vi holde oss på vakt og be iherdig. Vi må også adlyde den Hellige Ånds ledelse for å kunne følge sannheten. Når vi følger ledelsen og anbefalelsen fra den Hellige Ånd, da sier vi at vi følger den Hellige Ånds ønsker. Vi vil være fulle av den Hellige Ånd når vi iherdig følger den Hellige Ånds ønsker. Og når vi gjør dette vil våre hjerter endre seg gjennom sannheten. Vi vil få gavene ifra den Hellige Ånd idet vi fullstendig tar imot den Hellige Ånd.

Når vi kaster bort alle de syndige egenskapene fra vårt hjerte og kultiverer et åndelig hjerte ved hjelp av den Hellige Ånd, da vil gavene ifra den hellige Ånd begynne å vise seg. Men akkurat som hastigheten av modningen og størrelsen på druene på den samme greinen er forskjellige, vil også noen av gavene ifra den Hellige Ånd bli bedre enn andre. En vil kanskje ha fått en overflod av kjærlighetens gaver, mens en ikke ennå kan få gaver for hans selvbeherskelse. Eller kanskje ens gaver fra trofastheten er fullstendig moden, men en kan ikke ennå få gaver for ens vennlighet.

Men uansett vil hver av druene bli fullstendig modne ettersom tiden går, og hele klasen vil bli full av store, mørkerøde druer. På samme måte betyr det at vi har blitt et menneske med en fullstendig ånd som Gud så gjerne vil ha, hvis vi tar til oss alle gavene fra den Hellige Ånd. Slike mennesker vil utgi aromaen fra Kristus i alt det de gjør i livet. De kan klart og tydelig høre stemmen til den Hellige Ånd og åpenbare den Hellige Ånds makt for å lovprise Gud. Siden de likner fullstendig på Gud, vil de få kvalifikasjonene til å komme inn til det Nye Jerusalem, hvor Guds trone befinner seg.

## Den Hellige Ånds begjær og kjøttets begjær

Når vi prøver å følge begjæret til den Hellige Ånd, finnes det et annet slags begjær som forstyrrer oss. Dette er kjøttets begjær. Kjøttets begjør følger usannhetene, noe som er det motsatte av Guds Ord. De får oss til å ta til oss slike ting som kjøttets begjær, øynenes begjær, og livets skrytende stolthet. De får oss også til å begå synder og være urettferdige og gjøre ulovlige ting.

For ikke lenge siden var det en mann som kom til meg og spurte om jeg kunne be for å få ham til å slutte å kikke på uanstendige ting. Han sa at når han i begynnelsen begynte å kikke på slike ting var for å kunne forstå hvordan slike ting kunne ha påvirke mennesker, og ikke for å nyte dem. Men etter at han hadde sett på det en gang, ble han hele tiden minnet om disse klippene og han ville derfor gjerne se dem om igjen. Men inne i ham, anbefalte den hellige Ånden ham om ikke å kikke mer på dem, så han følte seg derfor ille til mote. I dette tilfelle hadde hans hjerte blitt opprørt gjennom øynenes begjær, det vil si tingens som han hadde sett gjennom hans øyne og ører. Hvis vi ikke stopper dette kjødelige begjæret, men fortsetter med å akseptere dem, da vil vi snart begynne å gjøre løgnaktige ting to, tre, og fire ganger, og dette nummeret vil bare fortsette og øke.

På grunn av dette sier Galaterne 5:16-18, *"Jeg sier dere: Lev et liv i Ånden! Da følger dere ikke begjæret i menneskets kjøtt og blod. For det kjøttet vil, står imot Ånden, og det Ånden vil, står imot det kjøttet vil. Disse ligger i strid med hverandre, så dere ikke er i stand til å gjøre det dere vil. Men blir dere drevet av Ånden, er dere ikke under Loven."*

Men på den annen side vil vi ha fred i vårt hjerte og vi vil bli glade fordi den hellige Ånd vil juble, når vi følger den Hellige Ånds ønsker. Men hvis vi på den annen side følger kjøttets begjær, da vil vi få problemer med vårt hjerte siden den Hellige Ånd oppholder seg inne i oss. Vi vil også miste den fullstendige Ånden, slik at det vil bare bli vanskeligere og vanskeligere å følge den Hellige Ånds ønsker.

Paulus pratet om dette i Romerne 7:22-24 hvor han sa, *"Mitt indre menneske sier med glede ja til Guds lov, men jeg merker en annen lov i lemmene. Den kjemper mot loven i mitt sinn, og tar meg til fange under syndens lov, som er i lemmene. Jeg ulykkelige menneske! Hvem skal fri meg fra denne dødens kropp?"* Om vi følger den Hellige Ånds ønsker eller de kjødelige, kan vi enten bli Guds frelste barn eller mørkets barn som går imot døden.

Galaterne 6:8 sier, *"Den som sår i sitt eget kjøtt og blod, høster fordervelse av kjøttet; men den som sår i Ånden, høster evig liv av Ånden."* Hvis vi følger kjøttets begjær, da vil vi bare gjøre det kjødelige arbeidet, som er synd og ulovlighet, og vil til slutt ikke kunne komme inn til himmelens kongerike (Galaterne 5:19-21). Men hvis vi følger den Hellige Ånds ønsker, da vil vi kunne få de ni gavene ifra den Hellige Ånd (Galaterne 5:22-23).

## La oss ikke miste motet når vi er gode

Vi får gavene ifra den Hellige Ånd og blir Guds sannferdige barn til den grad hvor my tro vi har, og følger den Hellige Ånd. Men i menneskenes hjerter finnes det både sannferdige og usanne hjerter. Det sannferdige hjertet fører oss til å følge den Hellige Ånds begjær og til å leve ifølge Guds Ord. Det usanne hjerte får oss til å følge det kjødelige begjæret og leve i mørket.

Å holde Herrens dag hellig er en av de Ti Budskapene som Guds barn må overholde. Men en troende som driver en butikk og som har en svak tro vil kanskje være i strid med seg selv og tenke at han kanskje vil tape fortjeneste hvis han stenger hans butikk på søndager. Her ville kjøttets ønsker få ham til å tenke, Hav hvis jeg stenger butikken annen hver uke? 'Eller, hva hvis jeg går til søndagens gudstjeneste og kona mi går til gudstjenesten på kvelden slik at vi kan arbeide på skift?" Men den Hellige Ånds ønske ville hjelpe ham med å adlyde Guds Ord ved å gi ham en forståelse som, "Hvis jeg holder Herrens Dag hellig, da vil Gud gi meg mer fortjeneste enn hvis jeg har butikken åpen på søndagene." Den Hellige Ånden hjelper vår svakhet og gir oss som klager mer enn vi noensinne kan innbille oss, forbønn (Romerne 8:26). Når vi praktiserer sannheten etter at vi har blitt hjulpet av den Hellige Ånd, da vil vårt hjerte få fred, og vår tro vil vokse mer og mer dag for dag.

Guds Ord som står skrevet i Bibelen er sannheten som aldri endrer seg; det er selve godheten. Det gir Guds barn et evig liv, og det er lyset som fører dem slik at de kan nyte den evige lykken og gleden. Guds barn som blir ledet av den Hellige Ånden burde korsfeste det kjødelige sammen med deres begjær og lidenskap. De burde også følge den Hellige Ånds ønsker ifølge Guds Ord og ikke miste motet når de gjør noe godt.

Matteus 12:35 sier, *"Et godt menneske henter fram godt av sitt gode forråd, et ondt menneske henter fram ondt av sitt onde forråd."* Vi må derfor kaste bort ondskapen fra vårt hjerte ved å be iherdig og fortsette med å oppbevare gode arbeider.

Galaterne 5:13-15 sier, *"For dere er kalt til frihet. La bare ikke friheten bli et påskudd for det som kjøtt og blod vil, men tjen hverandre i kjærlighet. For hele Loven blir oppfylt i dette ene budet: 'Du skal elske din neste som deg selv.' Men når dere biter og glefser etter hverandre, så pass dere, så dere ikke eter hverandre opp,"* og Galaterne 6:1-2 sier, *"Mine søsken, hvis en av dere blir grepet i et feiltrinn, må dere som har Ånden, hjelpe ham til rette. Men gjør det med et ydmykt sinn, og pass deg selv, så ikke du også blir fristet. Bær hverandres byrder og oppfyll på den måten Kristi Lov."*

Når vi følger slike Ord ifra Gud som vi prater om ovenfor, da kan vi få en overflod av gaver ifra den Hellige Ånd og bli åndelige og fullstendige mennesker. Da vil vi motta alt det vi spør om i vår bønn og komme inn til det Nye Jerusalem i himmelens evige kongerike.

1. Johannes 4:7-8

*"Kjære, la oss elske hverandre,*

*for kjærligheten kommer ifra Gud;*

*og alle de som elsker kommer ifra Gud og kjenner Gud.*

*Han som ikke elsker kjenner ikke Gud,*

*for Gud er selve kjærligheten."*

*Overfor Slike Ting Finnes Det Ingen Lov*

# 2. Kapittel

# Kjærlighet

Det høyeste nivået med åndelig kjærlighet
Kjødelig kjærlighet forandrer seg ettersom tiden går
I Åndelig kjærlighet gir en ens eget liv
Sann kjærlighet overfor Gud
For å kunne få kjærlighetens gave

Kjærlighet

Kjærlighet er mektigere enn noen mennesker kan forestille seg. Med kjærlighetens makt kan vi redde de som ellers har blitt forlatt av Gud og som går imot døden. Kjærlighet kan gi dem ny styrke og oppmuntring. Hvis vi dekker over andre menneskers feil gjennom kjærlighetens makt, da vil det skje utrolige ting og vi vil motta store velsignelser, fordi Gud arbeider midt i godheten, kjærligheten, sannheten, og rettferdigheten.

Et visst sosiologi forsknings lag studerte rundt 200 studenter som bodde i fattige omgivelser i byen Baltimore. Laget avsluttet med å si at disse studentene ikke hadde stor sjanse og også hadde lite håp om å bli vellykket. Men de gjorde litt oppfølgning på de samme studentene 25 år senere, og resultatet var fenomenalt. 176 av 200 ble sosialt vellykkede individer som advokater, leger, prester, eller handelsmenn. Etterforskerne spurte dem selvfølgelig hvordan de hadde klart å overvinne et slikt ufordelaktig miljø som de hadde befunnet seg i, og alle sammen nevnte en spesiell lærer. Denne læreren ble spurt hvordan han kunne klare en slik stor endring, og da sa han, "Jeg elsket dem bare, og det visste de også."

Så hva er så kjærlighet, den første gaven fra den Hellige Ånds gaver?

## Det høyeste nivået med åndelig kjærlighet

Generelt sagt kan kjærlighet bli kategorisert som kjødelig og åndelig kjærlighet. Kjødelig kjærlighet vil søke etter ens eget gagn. Dette er en meningsløs kjærlighet som vil endre ettersom tiden går. Men åndelig kjærlighet vil på den annen side søke etter andres gagn, og det vil aldri forandre seg samme hvilken situasjon den befinner seg i. 1. Korinterne 13 forklarer detaljert om den åndelige kjærligheten.

*"Kjærligheten er tålmodig, kjærligheten er velvillig, den misunner ikke, skryter ikke, er ikke hovmodig. Kjærligheten krenker ikke, søker ikke sitt eget, er ikke oppfarende og gjemmer ikke på det onde. Den gleder seg ikke over urett, men har sin glede i sannheten. Kjærligheten utholder alt, tror alt, håper alt, tåler alt"* (v. 4-7).

Så hvordan er så kjærlighetens gaver i Galaterne 5 og den åndelige kjærligheten i 1. Korintene 13 forskjellige? Kjærligheten som den Hellige Ånd gaver vil omfatte ofrende kjærlighet hvor en kan gi sitt eget liv. Dette er kjærlighet som ligger på et høyere nivå enn kjærligheten i 1. Korinterne 13. Det er det høyeste nivået med åndelig kjærlighet.

Hvis vi tar imot kjærlighetens gave og kan ofre vårt liv for andre, da kan vi elske hvem som helst og hva som helst. Gud elsker oss med alt det Han har og Herren elsket oss med hele Hans liv. Hvis vi har en slik kjærlighet inne i oss, da kan vi ofre våre liv for Gud, Hans kongerike, og Hans rettferdighet. Og siden vi også elsker Gud, kan vi også få det høyeste nivået med kjærlighet hvor vi kan gi våre liv ikke bare til andre brødre, men også til fiender som hater oss.

1. Johannes 4:20-21 sier, *"Hvis noen sier, 'Jeg elsker Gud,' og hater sin bror, da lyver han; for han som ikke elsker sin bror*

som han har sett med hans egne øyne, kan ikke elske Gud som han aldri har sett. Og dette budskapet får vi fra Ham, at den som elsker Gud burde også elske hans bror." Så hvis vi elsker Gud, da vil vi elske alle. Hvis vi sier at vi elsker Gud mens vi hater noen andre, da lyver vi.

## Kjødelig kjærlighet forandrer seg ettersom tiden går

Når Gud skapte det første menneske, Adam, da elsket Gud ham gjennom en åndelig kjærlighet. Han laget en vakker have mot øst, i Eden, og lot ham leve der uten noe som helst mangel på noen ting. Gud spaserte sammen med ham. Gud ga ham ikke bare Edens Have, som var et utrolig oppholdssted, men Han ga ham også myndigheten til å underlegge seg og styre over alle ting her på jorden.

Gud ga Adam en overstrømmende åndelig kjærlighet. Men Adam klarte ikke riktig å føle Guds kjærlighet. Adam hadde aldri erfart hat eller kjødelig kjærlighet som endrer seg, så han var ikke klar over hvor stor Guds kjærlighet virkelig var. Etter lang tid ble Adam fristet gjennom en slange og brøt Guds Ord. Han spiste frukten som Gud hadde nektet ham å spise (1. Mosebok 2:17; 3:1-6).

På grunn av dette kom synden inn til Adams hjerte, og han ble et kjødelig menneske som ikke lenger kunne kommunisere med Gud. Gud kunne heller ikke lenger la ham leve i Edens Have, og han ble derfor drevet ut her på jorden. Mens de gikk gjennom den menneskelige kultivasjonen (1. Mosebok 3:23), alle menneskene som er Adams etterkommere, ble kjent med og fikk erfare relativiteten ved å erfare kjærlighetens motsatte ting i Eden, som hat, misunnelse, smerter, sorg, sykdom og skader. I mellomtiden gled de bare lenger og lenger vekk ifra den åndelige kjærligheten. Idet hjertene deres ble til fordervede hjerter på grunn av synd, ble deres kjærlighet kjødelig.

Mye tid har gått siden Adams nedgang, og det er i dag vanskeligere å finne åndelig kjærlighet her i denne verden. Mennesker gir uttrykk om deres kjærlighet på mange måter, men kjærligheten deres er bare en kjødelig kjærlighet som vil endre seg over tid. Idet tiden går og situasjonene og forholdene endrer seg, deres tanker vil endre seg og de vil bedra deres kjære for deres egen fordel. De vil også bare gi når andre gir først eller når gaven er til fordel for dem selv. Hvis du vil få tilbake like mye som du har gitt, eller hvis du blir utilfreds med andre hvis de ikke gir tilbake det du gjerne vil at de skal gi eller det du hadde forventet. Dette er hva de kaller kjødelig kjærlighet.

Når en mann og en kvinne er kjærester, vil de kanskje si at de 'vil alltid elske hverandre' og at de ikke 'kan leve foruten hverandre.' Men i mange tilfeller vil de endre seg etter at de gifter seg. Ettersom tiden går, vil de begynne å se ting om deres ektefeller som de ikke liker. Tidligere hadde alt sett godt ut og de prøvde å tilfredsstille den andre personen i alt, men de kan ikke mere gjøre dette. De surmuler eller gjør det vanskelig for hverandre. De vil kanskje bli opprørt hvis ektefellen deres ikke gjør det de vil. For bare et par tiår siden, var skilsmisse bare en veldig sjelden begivenhet, men nå er det veldig lette for mennesker å skille seg, og så vil de gifte seg igjen like etterpå. Og fremdeles sier de hver gang at de virkelig elsker den andre personen. Dette er typisk for kjødelig kjærlighet.

Det er ikke stor forskjell på kjærligheten mellom foreldre og barn. Men det er selvfølgelig noen foreldre som vil gi deres eget liv for barna deres, men selv om de gjør dette, er ikke dette en åndelig kjærlighet hvis de bare gir en slik kjærlighet til sine egne barn. Hvis vi har åndelig kjærlighet, da kan vi gi en slik kjærlighet til alle og ikke bare til våre egne barn. Men idet verden blir mer og mer ond, er det sjeldent å finne foreldre som vil ofre deres eget liv selv for deres egne barn. Mange foreldre og barn har fiendtlighet overfor hverandre på grunn av pengeytelser eller på grunn av uoverensstemmelse over forskjellige meninger.

Hva med kjærlighet blant søsken eller venner? Mange brødre blir som fiender hvis de blir involvert i penge saker. Det samme skjer oftere blant venner. De elsker hverandre når ting er godt og når de er enige. Men kjærligheten deres kan endre seg når som helst hvis ting forandrer seg. Og i de fleste tilfeller vil mennesker helst ha tilbake like mye som de har gitt. Når de er lidenskap, vil de kanskje gi ting uten å forvente noe tilbake. Men ettersom lidenskapen dabber av, vil de angre på det fakta at de ga og ikke fikk noe tilbake. Dette betyr når alt kommer til alt at de ville få noe tilbake. En slik kjærlighet er kjødelig.

## I Åndelig kjærlighet gir en ens eget liv

Det er rørende hvis noen gir deres eget liv for andre. Men hvis vi vet at vi må gi vårt eget liv for andre, vil det være vanskelig å elske denne andre personen. Så på denne måten har menneskets kjærlighet grenser.

Det var en konge som hadde en god sønn. I kongedømmet hans var det en forferdelig morder som hadde fått dødsstraffen. Den eneste veien for denne forbryteren å kunne leve var for hvis en uskyldig døde på hans vegne. Kunne kongen her gi opp hans uskyldige sønn for denne morderen? En slik ting har aldri skjedd i hele menneske historien. Men for Gud Skaperen, Han som ikke kan bli sammenlignet med noen konge her på jorden, ga sin egen sønn for oss. Så mye elsker Han oss (Romerne 5:8).

På grunn av Adams synd, måtte alle menneskene gå imot døden for å betale for synden. For å redde menneskene og føre dem til Himmelen, måtte problemet med synden bli løst. For å kunne løse dette problemet med synden som stod mellom Gud og menneskene, sendte Gud Hans eneste Sønn Jesus for å sone for deres synder.

Galaterne 3:13 sier, *"Forbannet er alle som henger i et tre."* Jesus ble hengt på et tre kors for å sette oss fri fra lovens forbannelse som sier, *"Belønningen av synden er døden"* (Romerne 6:23). Og siden det heller ikke finnes noen tilgivelse uten at en mister alt ens blod (Hebreerne 9:22), mistet Han alt Hans blod og vann. Jesus tok til seg straffen på våres vegne, og alle de som tror på Ham kan bli tilgitt deres synder og motta det evige livet.

Gud visste at syndere ville fordømme og håne, og til slutt korsfeste Jesus, Han som er Guds Sønn. Men for å redde den syndige menneske rasen som hadde blitt forutbestemt til å falle inn i den evige døden, sendte Gud Jesus her til jorden.

1. Johannes 4:9-10 sier, *"Og ved dette ble Guds kjærlighet*

åpenbart blant oss, at Gud sendte sin enbårne Sønn til verden for at vi skulle leve med Ham. Ja, dette er kjærligheten, ikke at vi har elsket Gud, Men at Han har elsket oss og sendt sin Sønn til soning for våre synder."

Gud bekreftete Hans kjærlighet mot oss ved å gi Hans eneste Sønn Jesus til å bli hengt på korset. Jesus viste Hans kjærlighet ved å ofre seg selv på korset for å redde menneskene fra deres synder. Denne kjærligheten ifra Gud som blir vist gjennom det at Han ga sin eneste Sønn, er den evige uforandrede kjærlighet av en som gir hele ens liv, helt til den siste blod dråpen.

## Sann kjærlighet overfor Gud

Kan vi også ha en slik kjærlighet? 1. Johannes 4:7-8 sier, *"Mine kjære, la oss elske hverandre! For kjærligheten er fra Gud, og hver den som elsker, er født av Gud og kjenner Gud. Han som ikke elsker kjenner ikke Gud, for Gud er selve kjærligheten."*

Hvis vi kjenner til dette ikke bare som ren kunnskap, men føler det dypt inne i vårt hjerte, hva slags kjærlighet som Gud har gitt oss, da vil vi helt naturlig elske Gud sannferdig. I våre kristne liv vil vi kanskje møte prøvelser som er vanskelige å overholde, eller vi vil kanskje møte en situasjon hvor vi kan miste alle våre eiendeler og ting som er verdifulle for oss. Selv i disse situasjonene vil hjertene våre ikke rikkes i det hele tatt så lenge vi har en virkelig tro.

Jeg mistet nesten alle mine vidunderlige døtre. For mer enn 30 år siden i Korea brukte de fleste kull briketter for å varme husene deres. Karbonmonoksid gassen fra kull forårsaket ofte ulykker.

Det var rett etter åpningen av kirken og min bolig var i kjelleren i kirkebygningen. Mine tre døtre og en ung mann fikk karbonmonoksid forgiftning. De hadde pustet inn gassen hele natten, og det virket ikke som om de ville kunne overleve. Når jeg kikket på mine bevisstløse døtre, hverken klaget jeg eller sørget. Jeg var bare takknemlig for at de ville kunne leve fredfullt i den vakre Himmelen hvor det ikke finnes noen tårer, sorg, eller smerte. Men siden den unge mannen bare var et kirkemedlem, spurte jeg Gud om Han kunne vekke opp ham opp slik at Gud ikke skulle bli vanæret. Jeg la hånden min på den unge mannen og ba for ham. Og så ba jeg for min tredje og yngste datter. Mens jeg ba for henne, fikk den unge mannen tilbake bevisstheten. Mens jeg ba for min annen datter, vekte den tredje datteren opp. Snart hadde både min annen og min første datter også fått bevisstheten. De led ikke av noen ettervirkning, og helt til i dag er de fullstendig friske. De er alle tre prester i kirken.

Hvis vi elsker Gud, da vil vår kjærlighet aldri endre seg samme hvilken situasjon vi befinner oss i. Vi har allerede mottatt Hans kjærlighet hvor Han ofret Hans egen Sønn, så vi har derfor ingen grunn til å avsky eller tvile på Hans kjærlighet. Vi kan bare elske Ham betingelsesløst. Vi kan bare stole fullt og fast på Hans kjærlighet og be trofast til Ham med våre egne liv.

Denne holdningen vil ikke endre seg når vi også tar vare på andres sjeler. 1. Johannes 3:16 sier, *"Vi kjenner til kjærlighet ved dette at Han la ned sitt eget liv for oss; så vi burde derfor legge ned våre live for våre søsken."* Hvis vi kultiverer en sann kjærlighet overfor Gud, da vil vi elske våre brødre med en sannferdig kjærlighet. Dette betyr at vi ikke vil søke etter noe gagn for oss selv, og vi vil derfor gi alt vi har og ikke be om noe tilbake. Vi vil ofre oss selv gjennom rene hensikter og gi bort alle våre eiendeler. Jeg har gått gjennom mangfoldige prøvelser idet jeg har spasert i troen opp til i dag Jeg ble bedratt av menneskene som mottok mange ting ifra meg, eller de som jeg behandlet som min egen familie. Noen ganger misforstod menneskene meg og pekte deres finger på meg.

Men jeg behandlet dem fremdeles med godhet. Jeg la alt i Guds hender og ba om at Han måtte tilgi slike mennesker gjennom Hans kjærlighet og barmhjertighet. Jeg hatet til og med ikke de som laget det vanskelig for kirken og forlot den. Jeg ville bare at de skulle angre og komme tilbake. Når disse menneskene var onde, forårsaket det mange prøvelser for meg. Men jeg behandlet dem fremdeles med godhet fordi jeg visste at Gud elsket meg, og fordi jeg elsket dem gjennom Guds kjærlighet.

## For å kunne få kjærlighetens gave

Vi kan bære kjærlighetens gaver helt til vi renser vårt hjerte ved å kaste bort synden, ondskapen, og ulovlighetene fra hjertet vårt. En sann kjærlighet kan komme fra et hjerte som ikke har noen ondskap. Hvis vi har en virkelig kjærlighet, da kan vi hele tiden gi andre fred, og vil aldri gjøre det vanskelig for andre eller laste dem med noe. Vi vil også kunne forstå andres hjerter og tjene dem. Vi vil kunne gi dem lykke og hjelpe dem slik at sjelen deres kan utvikle seg og at Guds kongerike kan bli utvidet.

I Bibelen kan vi se hva slags kjærlighet troens far hadde kultivert. Moses elsket hans folk, Israel, så mye at han gjerne ville redde dem selv om dette betydde at hans navn ville bli strøket ut av livet bok (2. Mosebok 32:32). Apostelen Paulus elsket også Herren betingelsesløst helt fra han hadde møtt Ham. Han ble en av hedningenes apostler, og reddet mange sjeler og etablerte kirker i løpet av hans tre misjonsreiser. Selv om hans måte var utmattende og full av risiko, åpenbarte han om Jesus Kristus helt til han bli drept som en martyr i Roma. Han fikk hele tiden dødstrusler og fordømmelser og bråk ifra jødene. Han ble slått og satt i fengsel. Han hadde drevet på havet i et døgn etter et skipbrudd. Men han angret aldri på hans valg. Istedenfor å være bekymret for seg selv, var han bekymret for kirken og de troende, selv når han gjennomgikk mange vanskeligheter.

Han ga uttrykk for hans følelser i 2. Korinterne 11:28-29, som sier, *"Utenom det utvendige presset, finnes det også det daglige presset med bekymring overfor alle kirkene. Hvem er svak uten at også jeg blir svak? Hvem faller fra uten at det brenner i meg?"*

Apostelen Paulus sparte ikke engang på hans eget liv fordi han hadde en brennende kjærlighet for sjelene. Hans store kjærlighet er godt uttrykket i Romerne 9:3. Der står det, *"Ja, jeg skulle gjerne vårt forbannet og skilt fra Kristus, om det bare kunne våre til hjelp for mine søsken, de som er av samme kjøtt og blod som jeg."* Her betyr ikke 'mine folk' min familie eller mine slektninger. Det refererer til alle jødene medberegnet de som fordømte ham.

Han ville heller dra til Helvete på deres vegne, hvis det kunne redde disse menneskene. Det er en slik kjærlighet han hadde. Og som det ble skrevet i Johannes evangeliet 15:13, *"Ingen har større kjærlighet enn den som gir sitt liv for sine venner,"* beviste apostelen Paulus hans høyeste nivå med kjærlighet ved å bli en martyr.

Noen mennesker sier at de elsker Herren, men de elsker ikke deres brødre. Disse brødre er ikke engang deres fiender eller spør om de kan ofre deres liv for dem. Men de krangler med og har ukomfortable følelser imot hverandre over ubetydelige ting. Selv når de arbeider for Gud, har de kraftige følelser når deres meninger er forskjellige. Noen mennesker tar ikke hensyn til andre mennesker som har ånder som enten er døende eller som visner. Kan vi så si at slike mennesker elsker Gud?

En gang ga jeg åpenbarelse overfor hele menigheten. Jeg sa, "Hvis jeg kan redde et tusen sjeler, da vil jeg være villig til å dra til Helvete på deres vegne." Selvfølgelig vet jeg godt hva slags sted Helvete er. Jeg ville aldri gjøre noe slik at jeg vil havne i Helvete. Men hvis jeg kan redde sjeler som faller inn i Helvete, da er jeg villig til å gå på deres vegne.

Disse tusen sjelene kunne være noen av våre kirkemedlemmer. Det kunne være kirkemedlemmer eller kirkeledere som ikke velger sannheten, men som går imot døden, selv etter at de har hørt sannhetens ord og vært vitne til Guds mektige arbeide. Det kunne også bli mennesker som fordømmer vår kirke på grunn av deres misforståelser og sjalusi. Eller det kan være noen stakkars sjeler i

Afrika som sulter på grunn av borgerkrig, fattigdom, og hungersnød.

Akkurat som når Jesus døde for meg, kan også jeg gi mitt liv for dem. Jeg elsker dem ikke fordi det er min forpliktelse, bare fordi Guds Ord sier at vi burde elske hverandre. Jeg gir hele mitt liv og min energi hver eneste dag for å redde dem, fordi jeg elsker dem mer enn mitt liv og dette er ikke bare noe jeg sier. Jeg gir mitt liv fordi jeg vet at dette er Gud Faderens største ønske, Han som elsket meg.

Mitt hjerte er full av slike tanker som, 'Hvordan kan jeg forkynne evangeliet på flere steder?' 'Hvordan kan jeg åpenbare større arbeid med Guds makt slik at flere mennesker kan tro?' 'Hvordan kan jeg få dem til å forstå meningsløsheten her i verden og føre dem slik at de kan motta det himmelske kongerike?'

La oss kikke litt tilbake på oss selv og se hvor mye av Guds kjærlighet som har blitt satt inne i oss. Det er kjærligheten som Han brukte da Han ga sin egen Sønn. Hvis vi er fylt med Hans kjærlighet, da vil vi elske Gud og sjelene med hele vårt hjerte. Dette er en sann kjærlighet. Og hvis vi fullstendig kultiverer denne kjærligheten, vil vi kunne komme inn til det Nye Jerusalem, det som er selve krystallet i kjærligheten. Jeg håper at dere alle vil dele den evige kjærligheten med Gud Faderen og Herren.

Filipperne 4:4

*"Gled dere alltid i Herren!*

*Igjen vil Jeg si: Gled dere!"*

*Overfor Slike Ting Finnes Det Ingen Lov*

# 3. Kapittel

# Lykke

Lykkens gave
Grunnen til at lykken fra den første kjærligheten forsvinner
Begynnelsen av den åndelig kjærlighet
Hvis du vil motta lykkens gave
Klaging etter at du har mottatt lykkens gave
Vær positiv og følg alltid etter det gode

Lykke

Latter lindrer stress, sinne, og spenning, og vil derfor bidra til forebyggelse av hjerteanfall og en plutselig død. Det vil også forbedre kroppens immunitet, slik at den har en positiv påvirkning for å forebygge infeksjon som influensa eller til og med slike sykdommer som kreft og sykdommer som har med måten vi lever på. Latter har en veldig positiv påvirkning på vår helse, og Gud vil også be oss om å alltid juble. Noen vil kanskje si, "Hvordan kan jeg juble når det ikke finnes noe å juble over?" Men troende mennesker kan alltid juble sammen med Herren fordi de tror at Gud vil hjelpe dem gjennom vanskelighetene, og de vil til slutt bli ført inn til himmelens kongerike hvor det finnes en evig lykke.

## Lykkens gave

Lykken er "intens og spesielt begeistret eller en jublende lykke." Men Åndelig kjærlighet gjelder ikke bare det å bli utrolig lykkelig. Selv de ikke troende jubler når de har det godt, men dette vil bare vare i kort tid. Deres lykke vil forsvinne når de får det vanskelig. Men hvis vi mottar gaven fra gleden i hjertet vårt, da vil vi kunne juble og være glade i alle situasjoner.

1. Tessalonikerne 5:16-18 sier, *"Du må alltid juble; ikke stoppe med å be; vær alltid takknemlig; for dette er Guds vilje for det gjennom Jesus Kristus."* En Åndelig lykke er å alltid juble og være takknemlig i alle omstendigheter. Lykke er en av de mest naturlige og klareste kategoriene som vi kan bruke å måle og sjekke hva slags Kristelige liv vi lever.

Noen troende vil hele tiden spasere sammen med Herren med

lykke og glede, mens enkelte andre ikke virkelig har en virkelig lykke og takknemlighet ifra deres hjerte, men de prøver kanskje hardt gjennom troen deres. De er med på gudstjenester, ber, og fullfører deres kirkelige forpliktelser, men de gjør alle disse aktivitetene som om de fullførte forpliktelsen uten å være rørt. Og hvis det oppstår noen problemer, da vil de miste i det minste noe av freden de hadde og hjerte deres vil bli ristet på grunn av nervøsitet.

Hvis det oppstår et problem som du ikke kan løse på egen hånd, da kan du sjekke om du virkelig jubler fra dypt i ditt indre. I en slik situasjon, hvorfor kikker du ikke på deg selv i et speil? En kan også gjøre det som et mål å sjekke hvor mye en har tatt imot lykkens gaver. Det vil si at bare det at Jesus Kristus nåde redder oss gjennom Hans blod er mer enn nok til at vi hele tiden kan juble. Det var forutbestemt at vi skulle falle inn i Helvetes evige flammer, men at vi gjennom Jesus Kristus blod kunne komme inn til himmelens kongerike fylt med lykke og fred. Dette ene faktumet kan gi oss mer lykke enn vi noen gang kan tenke oss.

Etter flukten når israelerne krysset Rødehavet på tørr bakke og ble satt fri fra egypternes hær som hadde forfulgt dem, hvor lykkelig hadde de ikke jublet? Fylt med lykke danset kvinnene med tamburiner og alle menneskene lovpriste Gud (2. Mosebok 15:19-20).

Det samme gjelder når en aksepterer Herren. Han vil ha en utrolig lykke over å bli reddet, og han kan alltid synge lovprisninger, selv om han er trett etter en lang arbeids dag. Selv om han blir forfulgt på grunn av Herrens navn eller lider vanskeligheter uten noen grunn, er han bare lykkelig ved å tenke på himmelens kongerike. Hvis denne lykken fortsetter og blir fullstendig opprettholdt, vil han snart motta all lykken og gavene.

## Grunnen til at lykken fra den første kjærligheten forsvinner

Men i virkeligheten er det ikke mange mennesker som beholder gleden av deres første kjærlighet. På et tidspunkt etter at de har akseptert Herren, vil lykken forsvinne og følelsene deres i henhold til frelsens nåde vil ikke lenger bli den samme. Før i tiden hadde de bare vært lykkelige når de tenkte på Herren, selv når de møtte vanskeligheter, men senere begynte de å sukke og angre når ting ble vanskelig. Det er akkurat som når israelerne hurtig glemte den lykken de hadde fått når de krysset Rødehavet, og klaget til Gud og satte seg opp imot Moses når noe ble vanskelig.

Hvorfor endrer mennesker seg slik? Dette er fordi de har kjødelige hjerter. Dette kjøttet har en åndelig mening. Det refererer til egenskapenes natur som er motsatt av ånden. 'Ånden' er noe som tilhører Gud Skaperen, som er vakker og vil aldri endre seg, mens 'kjødelig' er tingenes egenskaper som Gud løsriver seg fra. De er tingene som vil råtne, forderve, og forsvinne. Alle slags synder som for eksempel ulovligheter, urettferdigheter, og usannheter er kjødelige. De som har slike kjødelige kjennetegn vil miste deres lykke som en gang fullstendig fylte deres hjerter. Og fordi de har endrende egenskaper, vil fiende djevelen og Satan prøve å forårsake situasjoner som er ufordelaktige ved å opphisse det endrende naturen.

Apostelen Paulus ble slått og slengt i fengsel fordi han forkynte evangeliet. Men i det han ba og lovpriste Gud uten noen som helst engstelser, skjedde det et stort jordskjelv og fengselsdørene åpnet seg. Gjennom denne begivenheten forkynte han også mange ikke troende. Han mistet aldri hans lykke samme hvor vanskelig det ble for ham, og han rådet de troende til å *"Gled dere alltid i herren! Igjen vil jeg si: Gled dere! La alle mennesker få merke at dere er vennlige. Herren er nær! Vær ikke bekymret for noe! Men legg alt dere har på hjertet, fram for Gud. Be og kall på Ham med takk"* (Filipperne 4:4-6).

Hvis du befinner deg i en forferdelig situasjon som om du klynget deg til kanten av en fjell vegg, hvorfor ofrer du ikke en takknemlig bønn akkurat som apostelen Paulus? Gud vil være tilfredsstilt med din tro, og Han vil arbeide for alt det gode.

## Begynnelsen av den åndelig kjærlighet

David slåss på slagmarkene for hans land helt fra han var ganske ung. Han var veldig respektert for hans tjeneste i mange forskjellige kriger. Når kong Saulus led av de onde åndene, spilte han harpen for å gi kongen fred. Han brøt aldri noen ordre fra hans konge. Men kong Saulus var ikke takknemlig for Davids tjeneste, men han bare hatet David fordi han var sjalu på ham. Siden David var elsket av folket, var Saulus redd for at hans trone skulle bli tatt ifra ham, og han forfulgte David med hans hær for å drepe ham.

I en slik situasjon, måtte David selvfølgelig flykte ifra Saulus. For å redde hans eget liv i utlandet, måtte han en gang sikle og late som om han var sint. Hvordan ville du ha følt det hvis det hadde vært deg? David hadde aldri blitt lei seg, men hadde bare vært lykkelig. Han forkynte hans tro på Gud gjennom en vakker salme.

*"HERREN er min hyrde, jeg mangler ingen ting.*
*Han lar meg ligge i grønne enger;*
*Han fører meg til vann der jeg finner hvile,*
*Og gir meg ny kraft.*
*Han leder meg på de rette stier*
*for sitt navns skyld.*
*Selv om jeg går*
*i dødsskyggens dal,*
*frykter jeg ikke for noe vondt.*
*For du er med meg. Din kjepp og din stav trøster meg.*
*Du dekker bord for meg*
*like for øynene på mine fiender.*
*Du salver mitt hode med olje, mitt beger flyter over.*
*Bare godhet og miskunn, skal følge meg*
*alle mine dager,*
*og jeg får bo i HERRENs hus gjennom lange tider"*
(Salmenes bok 23:1-6).

Virkeligheten var akkurat som en vei av torner, men David hadde noe godt inne i seg. Det var hans brennende kjærlighet og uendrede tillit til Gud. Ingenting kunne ta vekk gleden som kom helt inne ifra hans hjerte. David var helt sikkert en person som hadde båret gledens gaver.

For omkring en og førti år siden jeg hadde akseptert Herren, har jeg aldri mistet gleden av min første kjærlighet. Jeg lever fremdeles hver eneste dag med takknemlighet. Jeg hadde lidd av så mange sykdommer i sju år, men Guds makt helbredet alle disse sykdommene med det samme. Jeg ble kristen med det samme og begynte å arbeide på byggeplasser. Jeg hadde en sjanse til å få et bedre arbeide, men jeg valgte det anstrengende kropps arbeide, fordi det var den eneste måten jeg kunne holde Herrens Dag hellig.

Jeg hadde før stått opp hver eneste morgen klokken fire og gått til bønnemøtene. Deretter dro jeg på arbeide med min niste pakke. Det tok omkring en og en halv time til jobben med buss. Jeg måtte arbeide fra morgen til kveld uten nok hvile. Det var virkelig hardt arbeide. Jeg hadde aldri hatt et slikt fysisk hardt arbeide før, og siden jeg på toppen av det hele hadde vært syk i så mange år, var ikke dette noe lett arbeide for meg.

Jeg ville komme hjem omkring klokken ti på natten, etter arbeide. Jeg vasket meg fort, spiste middag, leste Bibelen og ba før jeg la meg til å sove rundt midnatt. Min kone gikk også fra dør til dør og solgte ting for å tjene penger, men det var vanskelig for oss og bare betale tilbake rentene på vår gjeld som vi hadde samlet opp når jeg hadde vært syk. Vi kunne bokstavelig talt knapt få pengene til å strekke til daglig. Selv om jeg satt i en veldig vanskelig situasjon økonomisk, var mitt hjerte alltid fylt med lykke og jeg forkynte om evangeliet hver eneste gang jeg hadde en sjanse.

Jeg ville si, "Gud lever! Se på meg! Jeg ventet bare på døden, men jeg ble totalt helbredet av Guds makt og jeg har blitt helt frisk!"

Virkeligheten var vanskelig og økonomisk sett utfordrende,

men jeg var alltid takknemlig for Guds kjærlighet, han som hadde reddet meg ifra døden. Mitt hjerte var også fylt med Himmelens håp. Etter at jeg hadde mottatt Guds tilkallelse om å bli en prest, led jeg fra mange urettferdige vanskeligheter som et menneske vanligvis ikke kan klare alene, men min glede og takknemlighet ble aldri svakere.

Hvordan var dette mulig? Det er fordi takknemligheten i hjertet gir bare mer takknemlighet. Jeg kikker alltid etter ting som jeg kan være takknemlig over og vil ofre bønner og takknemlighet til Gud. Ikke bare takknemlighets bønner, jeg liker også det å gi takknemlige ofringer til Gud. I tillegg til de takknemlige ofringene som jeg ofrer til Gud i hver eneste gudstjeneste, gir jeg også iherdig takkeofringer til Gud for andre ting. Jeg takker for kirkemedlemmene som vokser i troen deres; for at jeg kan lovprise Gud gjennom de forferdelig store utenlandske kirke kampanjene; for at kirken vokser, o.s.v. Jeg vil gjerne søke etter hva jeg kan være takknemlig over.

Så Gud ga meg velsignelser og nåde uten stopp slik at jeg bare kunne fortsette med å være takknemlig. Hvis jeg hadde vært takknemlig når ting hadde vært gode og ikke vært takknemlig, men bare klaget når ting hadde vært dårlige, da ville jeg ikke nå kunnet nyte lykken.

## Hvis du vil motta lykkens gave

### Først burde du kaste bort det kjødelige.

Hvis vi ikke er sjalue eller misunnelige, da vil vi juble når andre blir lovprist eller velsignet som om det hadde vært oss som ble lovprist eller velsignet. På den annen side, vil det være vanskelig for oss å bli så rike at vi blir sjalue eller misunnelige. Vi vil kanskje føle oss ukomfortable overfor andre, eller vi vil miste gleden og bli motløse fordi vi føler oss mindreverdige fordi andre blir oppløftet.

Hvis vi verken har sinne eller bitterhet, vil vi bare ha fred, selv om vi blir behandlet uhøflig eller blir skadet. Vi blir bitre eller utilfreds fordi vi er kjødelige. Dette kjødelige er byrden som får oss til å føle oss tunge i hjertet. Hvis vi har egenskapen med å søke etter vårt eget gagn, da vil vi føle oss veldig dårlig og smertefulle hvis det virker som om vi har et større tap enn andre.

Siden vi har kjødelige egenskaper inne i oss, vil fiende djevelen og Satan opphisse disse kjødelige egenskapene for så å skape situasjoner hvor vi kan være lykkelige. Hvis vi er kjødelige, da kan vi ikke ha en åndelig tro, og vi vil bare få mer og mer engstelse og bekymringer siden vi ikke kan være avhengig av Gud. Men de som er avhengig av Gud kan juble selv om de ikke engang har noe å spise. Dette er fordi Gud lover oss at Han vi gi oss det vi trenger når vi først søker etter Hans kongerike or rettferdigheten (Matteus 6:31-33).

De som har en sann tro vil gjøre alt det de kan for å sette sine ting i Guds hender gjennom bønner og takknemlighet og gjennom alle slags vanskeligheter. De vil søke etter Guds kongerike og rettferdigheten med et fredfylt hjerte og så spørre etter det de selv trenger. Men de som ikke har tillit til Gud, men bare deres egne tanker og planer kan ikke hjelpe for at de blir rastløse. De som arbeider i forretningslivet kan bli ledet til et vellykket vei og bare motta velsignelser hvis de hører stemmen til den Hellige Ånd klart og tydelig og så følger den. Men så lenge de er grådige, utålmodige, og har løgnaktige tanker, kan de ikke høre stemmen fra den Hellige Ånd og de vil derfor møte alle slags vanskeligheter. Oppsummering av dette vil derfor si at den fundamentale grunnen til at vi mister gleden er på grunn av de kjødelige egenskapene som vi har i vårt hjerte. Vi vil bare få mer og mer åndelig glede og takknemlighet, og alle ting vil gå godt for oss avhengig av hvor mye av det kjødelige i vårt hjerte som vi blir kvitt.

**For det andre må vi følge den Hellige Ånds ønsker i alle ting.**
Lykken som vi søker etter er ikke en verdslig lykke, men lykken som kommer ovenfra, det vil si den Hellige Ånd. Vi kan bare være lykkelige og glade når den Hellige Ånd oppholder seg inne i oss og jubler. Over alt annet vil en virkelig glede komme når vi tilber Gud med hele vårt hjerte, ber til og lovpriser Ham, og lever ifølge Hans Ord.

Hvis vi også innser våre feil gjennom den Hellige Ånds inspirasjon og forbedrer dem, hvor lykkelige vil vi ikke bli! Vi har en større tendens til å bli lykkelige og takknemlige når vi finner at vårt nye 'jeg' er forskjellig fra den vi før hadde vært. Gleden som vi får ifra Gud kan ikke sammenlignes med noen annen glede her i verden, og det er ingen som kan ta den bort.

Avhengig av hva slags valg vi velger i vårt daglige liv, vil vi kanskje følge den Hellige Ånds ønsker eller ønskene fra det kjødelige. Hvis vi alltid følger den Hellige Ånds ønsker, da vil den Hellige Ånd juble inne i oss og fylle oss med glede. 3. Johannes 1:4 sier, *"Jeg har ingen større lykke enn dette, å høre at Mine barn spaserer i sannheten."* Akkurat som det ble sagt jublet Gud og ga oss glede gjennom den fullstendige Hellige Ånd når vi lever ifølge sannheten.

Hvis for eksempel vårt ønske om å søke etter vårt eget gagn og det å søke etter andre menneskers gagn kolliderer med hverandre, vil vi miste gløden, spesielt hvis denne konflikten bare fortsetter. Så hvis vi til slutt søker etter vårt eget gagn, vil det virke som om vi kan ta til oss det vi vil, men vi vil ikke kunne motta den åndelige gleden. Men vi vil heller ha stikkende samvittighet eller lidelser i vårt hjerte. På den annen side, vil det kanskje virke som om vi for øyeblikket lider et tap hvis vi søker etter andres 'gagn', men vi vil få glede ovenfra fordi den Hellige Ånd vil juble. Bare de som virkelig har følt en slik lykke vil forstå hvor godt det er. Det er en lykke som ingen i verden verken kan forstå eller gi til andre.

Det finnes en fortelling om to brødre. Den eldste setter ikke bort hans tallerken etter at han har spist. Så den yngre må alltid rydde bordet etter at de har spist, og dette er han ikke så glad for. En dag etter at den eldste hadde spist og begynte å forlate bordet, sa den yngre broren, "Du må vaske dine egne tallerkener." "Du kan vaske dem," sa den eldre broren uten noen som helst betenkelighet, og bare fortsatte inn på rommet sitt. Den yngste broren likte ikke denne situasjonen, men hans bror hadde allerede forlatt.

Den yngre broren vet at hans eldre bror ikke har det med å vaske hans egen tallerken. Så den yngre broren kan bare tjene den eldre gjennom glede og selv vaske alle tallerkenene. Du vil kanskje så tenke at den yngre vil alltid måtte vaske tallerkenene, og at den eldre ikke vil prøve å gjøre noen ved dette problemet. Men hvis vi gjør gode gjerninger, da er det Gud som vil forandre tingene. Gud vil endre den eldre brorens hjerte slik at han vil tenke, 'jeg er lei meg for at jeg alltid lot min bror vaske tallerkenene. Fra nå av vil jeg både vaske hans og mine tallerkener."

Akkurat som i illustrasjonen, hvis vi følger de kjødelige ønskene bare på grunn av at vi kan få noe tilbake for det akkurat nå, vil vi alltid bli ukomfortable og krangle. Men vi vil få glede hvis vi bruker vårt hjerte til å tjene andre og følger ønskene til den Hellige Ånd.

Det samme prinsippet gjelder også alle andre ting. Du vil kanskje ha dømt andre ifølge din egen standard, men hvis du endrer ditt hjerte og forstår andres godhet, da vil du få fred. Hva med når du møter noen som har en veldig annerledes personlighet enn deg selv, eller noen som har en helt annen mening enn din? Prøver du så å unngå ham, eller vil du imøtekomme ham varmt med et smil? I de ikke troendes synspunkt, vil det kanskje være mer komfortabelt å bare unngå og ignorere de som du ikke liker enn å prøve å være vennlig mot dem.

Men de som følger den Hellige Ånds ønsker vil smile til slike mennesker gjennom tjenestens hjerte. Når vi setter oss selv i fare hver eneste dag bare for å trøste andre (1. Korinterne 15:31), da vil vi erfare den sanne freden og lykken som kommer ovenfra. Vi vil også hele tiden kunne nyte freden og lykken, hvis vi ikke engang har følelsen om at vi ikke liker noen eller at deres personlighet ikke er lik vår.

Hva hvis du får en telefon ifra en kirkeleder som ber deg om å komme med ham for å besøke et kirkemedlem som ikke hadde møtt opp til søndagens gudstjeneste, eller kanskje du blir spurt om du kan forkynne evangeliet for en viss person på en helligdag som du sjelden får. På en side vil du gjerne hvile, og på den annen side vil du gjerne gjøre Guds arbeide. Det er opp til din frie vilje å velge hvilken vei du vil gå, men det å sove mye og gjøre deg selv komfortabel vil ikke nødvendigvis gi deg lykke.

Du kan føle den fullstendige Hellige Ånd og lykken når du gir din tid og dine eiendeler for Guds menighet. Idet du følger den Hellige Ånds ønsker om og om igjen, vil du ikke bare ha mer og mer åndelig lykke, men ditt hjerte vil også hele tiden forandre seg til et sannferdig hjerte. Til den samme grad, vil du kunne motta gavene fra gleden, og ditt ansikt vil lyse fra det åndelige lyset.

**For det tredje må vi iherdig så frøene med lykken og takknemligheten.**

For en bonde å kunne høste fruktene ifra avlingen hans, må han så frøene og ta vare på dem. På samme måte må vi iherdig se på tilfellene med takknemlighet og gi ofringer som takk til Gud for å kunne motta gledens gaver. Hvis vi er Guds troende barn, er det veldig mange ting vi kan juble over!

Først er det gleden av å være frelst som ikke kan bli byttet ut med noe annet. Den gode Gud er også vår Far, og Han hjelper de som lever i sannheten og vil svare på alt det de ber om. Så hvor lykkelig er vi? Hvis vi bare beholder Herrens Dag hellig og gir en riktig tiendedel, da vil vi ikke møte noen vanskeligheter hele året. Hvis vi ikke synder og holder på Guds Budskap, og arbeider trofast for Hans kongerike, da vil vi alltid motta velsignelser.

Selv om vi vil møte vanskeligheter, kan løsningen på alle problemene bli funnet i de seksti seks bøkene i Bibelen. Hvis vanskelighetene kom på grunn av noe som vi selv gjorde galt, da kan vi angre og vende oss vekk ifra slike veier, slik at Gud vil ha barmhjertighet med oss og gi oss svaret på hvordan vi kan løse problemet. Når vi ser oss tilbake, kan vi bare være lykkelige og takknemlige hvis hjertene våre ikke fordømmer oss. Så vil Gud ordne alt for å gjøre alt godt og bare gi oss mer velsignelse.

Vi burde ikke ta imot Guds nåde forgjeves. Vi må juble og alltid være Ham takknemlige. Når vi kjenner til forholdene med takknemlighet og jubler, da vil Gud gi oss flere takknemlige betingelser. På sin side vil vår takknemlighet og lykke bare øke, og til slutt vil vi bære kunne motta lykkens fullstendige gave.

## Klaging etter at du har mottatt lykkens gave

Selv om vi tar imot gledens gaver, vil vi noen ganger bli sørgmodige. Det er åndelig sorg som sitter inne i sannheten.

Først kommer sorgen og angeren. Hvis det finnes prøvelser og tester på grunn av våre synder, da kan vi ikke bare juble og være takknemlige for å løse problemet. Hvis en kan juble selv etter at en har syndet, da vil denne lykken være verdslig og ikke ha noe med Gud å gjøre. I et slikt tilfelle, må vi angre gråtende og snu oss vekk ifra disse veiene. Vi må angre iherdig og tenke, 'Hvordan kunne jeg synde slik mens jeg tror på Gud? Hvordan kunne jeg svikte Herrens nåde?' Slik vi Gud akseptere vår anger, og som bevis på at veggen med synden har blitt revet ned, vil Han gi oss glede. Vi vil føle oss veldig lette og glade som om vi flyr opp i luften, og en ny slags lykke og takknemlighet vil komme ovenfra.

Men sørge på grunn av anger er helt sikkert annerledes enn det å sørge gråtende på grunn av smertene som kommer fra vanskeligheter eller ulykker. Selv om vi ber og gråter mye og til og med får en rennende nese, er dette bare en kjødelig sorg så lenge vi gråter på grunn av at vi ikke liker situasjonen som vi befinner oss i. Hvis du også bare prøver å rømme fra problemet fordi du er redd for straffen og ikke vender deg fullstendig vekk ifra syndene, da kan du ikke motta en virkelig glede. Du vil heller ikke føle det som om du har blitt tilgitt. Hvis din sorg er en virkelig sørgende anger, da må du bli kvitt selve villigheten til å synde, og så ta imot den ordentlige gaven fra angeren. Bare da vil du igjen kunne motta den åndelige lykken ovenfra.

Det finnes også sorg på grunn av at Gud har blitt vanæret eller sorg over de som går imot døden. Dette er den riktige sorgen gjennom sannheten. Hvis du har en slik sorg, da vil du veldig iherdig be for Guds kongerike. Du vil spørre etter helligheten og makten for å redde flere sjeler og for å utvide Gud kongerike. En slik sorg er derfor tilfredsstillende og akseptabel i Guds øyne. Hvis du har en slik åndelig sorg, da vil ikke den gleden som sitter dypt inne i ditt hjerte forsvinne. Du vil ikke miste styrke ved å være trist eller miste motet, men du fremdeles være takknemlig og lykkelig.

For mange år siden, viste Gud meg det himmelske huset til en person som ber for Guds kongerike og kirken gjennom masse sorg. Hennes hus var dekorert med gull og verdifulle edelsteiner, og det var spesielt mange store, skinnende perler. Akkurat som en perle østers lager en perle gjennom dens energi og livskraft, sørget hun gjennom bønner for å likne på Herren, og hun sørget ved å be for Guds kongerike og sjelene. Gud betaler henne tilbake for alle hennes tårefylte bønner. Vi burde derfor alltid juble og tro på Gud, og vi burde også kunne sørge etter Guds kongerike og sjelene.

## Vær positiv og følg alltid etter det gode

Når Gud skapte det første menneske, Adam, satte Han glede inne i Adams hjerte. Men den gleden som Adam på den tiden hadde var forskjellig fra lykken som vi fikk etter at vi gikk gjennom den menneskelige kultivasjonen her på jorden. Adam var et levende vesen, eller en levende ånd, som betyr at han ikke hadde noen kjødelige egenskaper, og hadde derfor ikke noe inne i seg annet enn glede. Det vil si at han ikke hadde noe begrep om relativitet for å kunne innse verdien av glede. Bare de som har lidd av sykdommer kan forstå hvor dyrebar en god helse er. Bare de som har lidd av fattigdom vil forstå den virkelige verdien av et rikt liv.

Adam hadde aldri erfart noen smerter, og han kunne ikke ha begrep om hvilket lykkelig liv han levde. Selv om han nøt et evig liv og overfloden av Edens Have, kunne han ikke virkelig forstå den virkelige lykken. Men etter at han hadde spist ifra treet med kunnskapen om det gode og det onde, kom det kjødelighet inn i hans hjerte, og han mistet den lykken han hadde fått ifra Gud. Idet han gikk gjennom mange smerter fra denne verden, ble hans hjerte fylt med sorg, ensomhet, bitterhet, harde følelser, og engstelse.

Vi gar erfart alle slags smerter her på denne jorden, og vi må nå få tilbake den åndelige gleden som Adam mistet. For å kunne gjøre dette, må vi kaste bort det kjødelige, følge den Hellige Ånds ønsker hele tiden, og så lykkens frø og takknemlighet i alle ting. Hvis vi her legger til en positiv holdning og er gode, da vil vi fullstendig kunne ta imot lykkens gave.

Vi kan få denne lykken etter at vi har erfart de relative forholdene til mange ting her på jorden, i motsetning til Adam som bodde i Edens Have. Gleden kommer derfor fra dypt inne i vårt hjerte og den vil aldri endre seg. Den virkelige lykken som vi vil nyte i Himmelen har allerede blitt kultivert inne i oss her på jorden. Hvordan vil vi kunne gi uttrykk for den glede som vi har når vi ender vårt verdslige liv og kommer inn til himmelens kongerike?

Lukas 17:21 sier, *"...de vil heller ikke si, 'Se, her er det!' Eller, 'Der er det!' Se, Guds kongerike ligger inne i deg."* Jeg håper at du hurtig vil motta frukten og lykkens gaver i hjertet ditt, slik at du kan få smak på Himmelen her på jorden og lede et liv som er alltid fylt med lykke.

Hebreerne 12:14

*"Søk etter fred med alle mennesker,*

*og den frelsen som alle må ha for å kunne se Herren."*

*Overfor Slike Ting Finnes Det Ingen Lov*

# 4. Kapittel

# Fred

Fredens frukt
For å kunne få kjærlighetens gave
Gode ord er viktig
Tenk klokt ifra andres synspunkt
Virkelig fred i hjerte
Velsignelser for fredfulle

Fred

Partiklene til salt er ikke synlige, men når de blir krystallisert, blir de vakre kubikk krystaller. Litt salt vil oppløse seg i vann og endre hele vannets struktur. Det er et krydder som er helt nødvendig for matlaging. Mikro elementene i saltet, i bare en liten mengde er helt nødvendig for å leve.

Akkurat som når salt oppløser seg for ekstra smak på maten og forebygger råtning, vil Gud at vi skal ofre oss selv for å virkeliggjøre og rense andre og for å kunne ta til seg fredens vakre frukt. La oss nå se på fredens frukt blant frukten fra den Hellige Ånd.

## Fredens frukt

Selv om de tror på Gud, kan mennesker ikke holde fred med andre så lenge de holder på deres egen egoisme. Hvis de tror at deres egne ideer er riktige, har de en tendens til å ignorere andres synspunkter og bli ukledelige. Selv om de har kommet til en enighet gjennom flertallets avstemming, vil de fortsette med å klage på avgjørelsen. De vil også hefte seg til menneskenes mangel istedenfor å se på deres gode sider. De vil også kanskje snakke ondt om andre og spre slike ting, og dermed få mennesker til å frastøte hverandre.

Når vi holder oss rundt slike mennesker vil vi kanskje føle det som om vi sitter på en seng med torner uten noen som helst fred. Der en finner fredsbrytere, kan en alltid finne problemer, lidelser og prøvelser. Hvis freden blir brutt i et land, en familie, en arbeidsplass, en kirke, eller noen annen gruppe, vil veiene til frelse bli blokkert og det vil oppstå mange vanskeligheter.

I et teater vil helten selvfølgelig være viktig, men de andre rollene og det støttende arbeidet fra hver og en av medarbeiderne vil også være viktig. Det samme gjelder alle organisasjonene. Selv om det kanskje virker litt ubetydelig når en person gjør hans arbeide riktig, kan oppgaven bli fullstendig fullført, og en slik person kan få større roller senere. En må heller ikke være arrogant bare på grunn av at arbeidet er viktig. Når han også hjelper andre med å vokse opp, da kan alt arbeidet bli fullført fredfullt.

Romerne 12:18 sier, *"Hvis mulig, så lenge kommer an på deg selv, hold fred med alle mennesker."* Og Hebreerne 12:14 sier, *"Søk etter fred med alle mennesker, og den frelsen som alle må ha for å kunne se Herren."*

Her betyr 'fred' å kunne komme overens med andres meninger, selv om vår egen mening er den rette. Dette er så vi kan gi andre velvære. Det er et generøst hjerte hvis vi kan være OK med alt så lenge det ligger innenfor sannhetens grenser. Det er for å følge andres gagn og ikke ha noen diskriminering. Det er for å prøve å ikke skape noen problemer eller konflikter med andre ved å holde seg vekk ifra å gi uttrykk for den motsatte meningen og ved å ikke kikke på andres menneskers feil.

Guds barn må ikke bare holde fred mellom koner og menn, foreldre og barn, og søsken og naboer, men de må også holde fred mellom alle mennesker. De må ikke bare holde fred mellom de som de elsker, men også med de som hater dem og som gjør det vanskelig for dem. Det er spesielt viktig å holde fred i kirken. Gud kan ikke arbeide hvis freden har blitt brutt. Dette gir bare Satan en sjanse til å anklage oss. Og selv om vi arbeider hardt og oppnår høye mål i Guds menighet, kan vi ikke lovprise hvis freden har blitt brutt.

I 1. Mosebok 26, holder Isak fred med alle selv i situasjonene hvor andre mennesker utfordret ham. Dette var på en tid når Isak prøvde å unngå sult, dro til palasset hvor palestinerne bodde. Han mottok velsignelser ifra Gud, og antallet i hans dyre flokk økte og han endte opp med en utrolig husholdning. Palestinerne var sjalue på ham og stoppet opp brønnene til Isak ved å fylle dem med jord.

De hadde ikke nok regn i dette området, og på sommeren var det spesielt ikke noe regn. Brønner var det de levde av. Men Isak verken kranglet eller slåss med dem. Han bare forlot stedet og gravde en ny brønn. Når han fant en ny brønn etter mye arbeide, kom palestinerne og insisterte på at den var deres. Isak protesterte ikke og ga bare brønnen til dem. Han flyttet til et annet sted og gravde seg en ny brønn.

Dette skjedde mangfoldige gangeer, men Isak var bare god imot disse menneskene, og Gud velsignet ham med en brønn samme hvor han dro. Når palestinerne så dette, innså de at Gud var med ham og plaget ham ikke mer. Hvis Isak hadde kranglet eller slåss med dem på grunn av at han hadde blitt behandlet urettferdig, ville han blitt deres fiende og han ville ha måttet dra derfra. Selv om han kunne hatt sagt fra på en riktig og rettferdig måte, ville det ikke ha virket siden palestinerne gjerne ville krangle om det på grunn av deres onde hensikter. Isak behandlet dem på grunn av dette med godhet og fikk motta fredens frukt.

Hvis vi mottar fredens frukt på denne måten, da vil Gud styre alle situasjonene slik at vi kan vokse på alle måter. Så hvordan kan vi så nå motta fredens frukt?

# For å kunne få kjærlighetens gave

**Først må vi ha fred med Gud.**
Den viktigste tingen ved å holde fred med Gud er at vi ikke må synde. Adam måtte gjemme seg ifra Gud siden han brøt Guds Ord og spiste ifra den forbudne frukten (1. Mosebok 3:8). Tidligere hadde han hatt et veldig nære forhold til Gud, men nå brakte Guds tilstedeværelse en følelse av frykt og avstand. Dette var fordi freden med Gud hadde blitt brutt på grunn av hans synd.

Det samme gjelder oss. Når vi er sannferdige, da kan vi ha fred med Gud og ha selvtillit overfor Gud. Men for å ha en fullstendig og perfekt fred, må vi selvfølgelig kaste vekk all synden og ondskapen fra vårt hjerte og bli frelst. Men selv om vi ikke ennå er perfekte, kan vi fremdeles ha fred med Gud så lenge vi holder oss iherdig til sannheten innenfor vår tro. Vi kan ikke ha en perfekt fred med Gud helt fra begynnelsen, men vi kan ha fred med Gud når vi prøver å holde fred med Ham innenfor vår troende målestoll.

Selv når vi prøver å holde fred med mennesker, må vi først holde fred med Gud. Selv om vi må holde fred med våre foreldre, barn, ektefeller, venner, og medarbeidere, må vi aldri gjøre noe som setter seg opp imot sannheten. Vi nå nemlig aldri bryte freden med Gud for å så følge freden med mennesker.

Hva hvis vi for eksempel bøyer oss ned foran idoler eller bryter Herrens Dag for å kunne holde fred med de ikke troende familiemedlemmene? Det kan virke som om vi for tiden har fred, mens vår fred med Gud i virkeligheten har blitt brutt ved å skape en vegg med synder overfor Gud. Vi kan ikke synde for å holde fred med mennesker. Og hvis vi bryter Herrens Dag for å være med på et bryllup til et familiemedlem eller en venn, vil dette si at vi bryter freden med Gud, og når alt kommer til alt kan vi heller ikke ha en sann fred med disse menneskene heller.

For at vi kan ha en sann fred med mennesker, må vi først tilfredsstille Gud. Da vil Gud jage fiende djevelen Satan og endre tankene til de onde personene slik at vi kan holde fred med alle. Salomos Ordspråk 16:7 sier, *"Når HERREN ser med velvilje på en manns ferd, lar han også hans fiender holde fred med ham."*

Den andre personen vil kanskje fortsette med å bryte freden med oss selv om vi prøver vårt beste med å holde oss innenfor sannheten. I et slikt tilfelle, vil Gud til slutt gjøre det som er best, hvis vi holder oss til sannheten helt til slutten. Dette var tilfelle med David og kong Saulus. På grunn av hans sjalusi prøvde kong Saulus å drepe David, men David behandlet ham helt til slutten bare godt. David hadde mangfoldige sjanser til å drepe ham, men han valgte å holde fred med Gud og heller være god. Til slutt lot Gud David sitte på tronen som tilbakebetaling av hans gode gjerninger.

**For det andre må vi også holde fred med oss selv.**

For å kunne holde fred med oss selv, må vi kaste bort all form for ondskap og bli renset. Sp lenge vi har ondskap i vårt hjerte, vil vår ondskap bli opphisset i forskjellige situasjoner, og freden vil derfor bli brutt. Vi tror kanskje at vi holder fred når ting går like godt som vi forventet, men freden blir brutt når ting ikke lenger går godt og dette kan også ha innflytelse på ondskapen vi har i vårt hjerte. Når hatet og sinnet bobler over i vårt hjerte, hvor ukomfortabelt ville ikke dette være! Men vi kan holde fred i vårt hjerte samme hvilken omstendighet vi finner oss i, hvis vi fortsetter med å velge sannheten.

Men det er noen mennesker som ikke har en sannferdig fred i hjertene deres selv om de prøver å leve etter sannheten for å holde fred med Gud. Dette er fordi de har selvgodhet og på grunn av strukturen av deres personlighet.

Det er for eksempel noen mennesker som ikke har et fredelig sinn fordi de er altfor bundet til Guds Ord. Akkurat som Job når han gikk gjennom prøvelsene, vil de be hardt og prøve å leve ifølge Guds Ord, men de gjør ikke disse tingene på grunn av deres kjærlighet for Gud. De lever etter Guds Ord og på grunn av frykt for straffen og hevnen fra Gud. Og hvis de tilfeldig skulle bryte sannheten i enkelte omstendigheter, vil de bli veldig nervøse og frykte på at de kanskje vil møte ubehagelige resultater.

I et slikt tilfelle, hvor opprørt ville ikke deres hjerte bli selv om de iherdig praktiserer sannheten! Så deres åndelige vekst vil stoppe eller de vil miste gleden. Det vil si at de lider på grunn av deres egen selvgodhet og tankers rammeverk. I dette tilfelle, må de prøve å kultivere Guds kjærlighet i stedet for å være besatt med det å holde seg til loven. En kan nyte en sannferdig fred hvis en elsker Gud med hele hans hjerte og innser Guds kjærlighet.

Her er et annet eksempel. Noen mennesker har ikke fred med seg selv på grunn av deres negative tankegang. De prøver å praktisere sannheten, men de vil fordømme seg selv og sørge hvis de ikke oppnår det resultatet som de gjerne vil ha. De føler seg sørgelige overfor Gud og de mister motet ved å tenke at de selv mangler så mye. De mister freden ved å tenke, 'Hva hvis menneskene rundt meg er skuffet på meg? Hva hvis de forlater meg?'

Slike barn må bli åndelige barn. Tankene til slike barn som tror på deres foreldres kjærlighet er ganske enkel. Selv om de gjør noe galt, vil de ikke gjemme seg for deres foreldre, men omfavne deres foreldre og si at de vil bli bedre neste gang. Hvis de sier at de er lei seg og at de vil bli bedre med et kjærlig og tillitsfullt ansikt, vil det sikkert få foreldrene til å smile selv om deres hensikt hadde vært å skjenne på dem.

Dette betyr selvfølgelig ikke at du bare burde si at du skal bli bedre hele tiden og bare fortsette med å gjøre de samme feilene. Hvis du virkelig vil snu deg vekk ifra syndene og være bedre neste gang, hvorfor skulle så Gud vende seg vekk ifra deg? De som virkelig angrer vil ikke miste hjertet eller motet på grunn av andre mennesker. De må kanskje få straffer eller bli satt på et lavere nivå i en kort periode ifølge dommen. Men hvis de allikevel er veldig sikre på Guds kjærlighet overfor dem, da kan de villige akseptere Guds straff og de vil ikke bekymre seg om andre menneskers synspunkter eller kommentarer.

Men Gud er på den annen side ikke tilfreds hvis de forsetter med å tvile, og tenke at de ikke har blitt tilgitt deres synder. Hvis de virkelig har angret på det de har gjort, er dette tilfredsstillende i Guds øyne og de vil tro på at de har blitt tilgitt. Selv om det finnes prøvelser på grunn av det de har gjort galt, vil dette bli til velsignelser hvis de aksepterer dem med lykke og takknemlighet.

Vi må derfor tro på at Gud elsker oss selv om vi ikke ennå er perfekte, og at Han vil gjøre oss perfekte så lenge vi bare prøver å forandre oss. Hvis vi også blir nedsatt etter en prøvelse, da må vi stole på Gud som til slutt vil løfte oss opp igjen. Vi må ikke føle oss utålmodige på grunn av at vi gjerne vil bli anerkjent av andre mennesker. Hvis vi bare fortsetter med å oppbevare det sannferdige hjertet og gjerninger, da kan vi ha fred med oss selv og også en åndelig selvtillit.

**For det tredje burde vi holde fred med alle.**
For å kunne holde fred med alle, må vi kunne ofre oss selv. Vi må ofre oss selv for andre, selv om vi til og med må gi vårt eget liv. Paulus sier, "Jeg dør daglig," og akkurat som han sa, må vi ikke insistere på våre egne ting, våre egne synspunkter, eller preferanse for å kunne holde fred med alle.

For å kunne holde fred, må vi ikke oppføre oss upassende eller prøve å skryte og vise oss selv overfor andre. Vi må fullstendig ydmyke oss selv og løfte andre opp. Vi burde ikke være fordomsfulle, og burde samtidig kunne akseptere andres forskjellige måter å gjøre ting på, det vil si hvis de holder seg innenfor sannheten. Vi burde ikke se på ting bare gjennom vår egen tro, men også fra andres synspunkter. Selv om vårt synspunkt kanskje er riktig, eller kanskje også bedre, burde vi fremdeles kunne følge andres synspunkter.

Men dette betyr ikke at vi skal la dem være og gå deres veier hvis deres vei fører til døden på grunn av deres synder. Og vi burde heller ikke kompromittere med dem ved å være løgnere. Vi burde noen ganger råde dem eller advare dem gjennom kjærlighet. Vi kan motta store velsignelser når vi jakter etter freden gjennom sannheten.

For å også holde fred med alle, må vi ikke insistere på vår egen selvgodhet og rammeverk. 'Rammeverk' er det en tenker er riktig innenfra ens egen individuelle personlighet, sans for anstendighet og preferanse. 'Selvgodhet' vil her søke om det å tvinge ens egne meninger, synspunkter og ideer på andre, og ting som en selv ser på som overordnet. Selvgodhet og ens personlige rammeverk blir vist is forskjellige former gjennom livene våre.

Hva hvis en person bryter reglene til firmaet bare for å rettferdiggjøre hans handlinger ved å tenke at det er reglene som er gale? Han tror kanskje at han gjør det som er riktig, men hans sjef eller medarbeider ville se på dette annerledes. Dette er også i henhold til sannheten hvor en følger andres meninger så lenge de ikke er løgnaktige.

Hver person har forskjellig personlighet fordi hver og en har blitt oppdratt i forskjellige omgivelser. Hver og en har forskjellige utdannelser og forskjellig nivå med tro. Så hver person har derfor forskjellig måter å dømme hva som er rett og galt og godt og ondt på. En person vil kanskje tenke at en viss ting er riktig mens en annen vil se på det som galt.

La oss for eksempel prate om forholdet mellom en mann og en kvinne. Mannen vil at huset alltid skal se fint og rent ut, men konen vil ikke gjøre det. Mannen vil gjennom kjærlighet tåle det i begynnelsen og vil bare selv gjøre det rent. Men ettersom dette fortsetter begynner han å bli frustrert. Han begynner å tenke at hans kone ikke hadde fått en riktig utdannelse hjemmefra. Han undrer på hvorfor hun ikke kan gjøre noe som er så simpelt og riktig. Han forstår ikke hvorfor hennes vaner ikke endrer seg selv etter mange år, uansett hans stadige råd.

Men på den annen side, har også konen noe å si. Hennes

skuffelse vil vokse overfor mannen hennes og hun vil tenke som så, 'Jeg er ikke bare her for å vaske og rydde hus. Hvis jeg noen gnager ikke kan gjøre rent, burde han selv kunne gjøre det. Hvorfor klager han om det så mye? Det virker som om han før ville gjøre hva som helst for meg, men nå vil han klage over den minste tingen. Han prater til og med om min familie utdannelse!' Hvis de begge insisterer på deres egne synspunkter og ønsker, da kan de ikke få fred. De kan bare oppnå fred hvis de tar i betraktning den andre personens synspunkter og tar vare på hverandre, og ikke bare når de bruker deres eget synspunkt.

Jesus fortalte oss at når vi gir ofringer til Gud, må vi først bli forsonet med ham og så gå tilbake for så å gi ofringer, hvis vi har noe imot en av våre brødre (Matteus 5:23-24). Våre ofringer vil bare bli akseptert av Gud etter at vi har fått fred med denne broren og gitt ofringen.

De som holder fred med Gud og med seg selv vil ikke bryte freden med andre. De vil ikke krangle med noen fordi de må allerede ha kastet bort deres grådighet, arroganse, stolthet, og selvgodhet og rammeverk. Selv når andre er onde og de forårsaker problemer, vil disse menneskene ofre seg selv for så til slutt å få fred.

## Gode ord er viktig

Det finnes et par ting som vi må kikke på når vi prøver å finne fred. Det er viktig å bare si gode ting for å holde på freden. Salomos Ordspråk 16:24 sier, *"Vennlige ord er som dryppende honning, søte for sjelen og sunne for kroppen."* Gode ord gir styrke og modighet til de som har mistet motet. De kan bli til god medisin for å vekke opp den døende sjelen.

På den annen side vil onde ord bryte freden. Når Rehoboam, kong Salomos sønn, kom til tronen, spurte menneskene i de ti stammene kongen om han kunne redusere deres harde arbeide. Kongen svarte, *"Min far la et tungt åk på dere, men jeg vil gjøre det tyngre. Min far tuktet dere med sveper, men jeg vil tukte dere med piggremmer"* (2. Krønikerbok 10:14). På grunn av disse ordene ble kongen og folkene fremmede for hverandre, noe som til slutt endte med at landet ble delt i to.

Menneskets tunge er en veldig liten del av kroppen, men den har utrolig stor makt. Det er i stor likhet med flammen som kommer fra et stort bål og som gjør store skader hvis det ikke blir holdt styr på. Av denne grunne sa Jakob 3:6, *"Også tungen er en ild, en verden av ondskap blant våre lemmer. Den smitter hele kroppen og setter livshjulet i brann, og selv blir den satt i brann av helvete."* Salomos Ordspråk 18:21 sier også, *"Døden og livet ligger i tungens makt, og de som elsker det, vil spise dens frukt."*

Hvis vi sier nedlatende ord eller klager på grunn av forskjellige meninger, hvis de inneholder onde følelser, da vil spesielt fiende djevelen og Satan anklage oss på grunn av dem. Det å holde på klager og motstand og avsløre slike følelser gjennom ord og handlinger er også veldig forskjellig. Det å holde en flaske med blekk i din lomme er en ting, men å åpne lokket og helle det ut er en helt annen ting. Hvis du heller det ut, vil det flekke de andre rundt deg og også deg selv.

På samme måte vil du kanskje klage bare på grunn av at ting ikke stemmer med dine egne ideer når du gjør Guds arbeide. Og noen ganger vil andre som er enige med dine ideer prate på samme måte. Hvis antallet øker til to eller tre, vil dette bli Satans synagoge. Freden vil bli brutt i kirken og kikens utvikling vil stoppe. Vi må derfor bare si, høre og se de gode tingene (Efesere 4:29). Vi må ikke engang høre på ord som ikke kommer ifra sannheten eller godheten.

## Tenk klokt ifra andres synspunkt

Det som vi må tenke på i neste omgang er et tilfelle hvor du ikke vil ha noen som helst dårlige tanker om den andre personen, selv om denne personen bryter freden. Her må du tenke på om det virkelig er den andre personens feil. Noen ganger kan du selv være årsaken til at andre bryter freden uten at du er helt klar over det.

Du vil kanskje såre andre på grunn av din hensynsløshet eller dumme ord eller oppførsel. I et slikt tilfelle, hvis du fortsetter med å tenke at du ikke har noen onde følelser imot den andre personen, kan du verken holde fred med ham eller henne, eller selv innse det slik at du kan forandre deg. Du burde kunne sjekke om du virkelig er en fredsstifter selv i andre menneskers øyne.

Fra en leders synspunkt vil han kanskje tro at han beholder fred, men hans ansatte har det kanskje vanskelig. De kan ikke åpenlyst vise deres følelser overfor deres sjefer. De kan bare leve med det og ha det ondt inne i seg.

Det finnes en berømt episode angående Statsministeren Hwang Hee i Chosun Dynastiet. Han så en bonde som pløyde sin åker med to okser. Statsministeren spurte bonden med høy stemme, "Hvem av de to oksene arbeider hardest?" Bonden tok plutselig armene til statsministeren og tok ham til et sted langt vekk. Han visket i øret hans, "Den sorte er noen ganger lat, men den gule arbeider hardt." "Hvorfor brakte du meg hit for så å viske inne i øret mitt om oksene?" Hwang Hee spurte med et smil om ansiktet. Bonden svarte, "Selv ikke dyrene liker det når vi prater dårlig om dem." Det ble så sagt at Hwang Hee plutselig ble klar over hans ubetenksomhet.

Hva hvis den gule oksen forstod hva bonden sa? Den gule oksen ville blitt arrogant, og den sorte oksen ville blitt sjalu og begynt med å skape problemer for den gule oksen, eller den ville mistet motet og arbeidet mindre enn før.

Fra denne fortellingen kan vi lære omtenksomhet selv overfor dyr, og vi burde være forsiktige med å ikke si noe eller gjøre noe som viser diskriminering. Der hvor det finnes diskriminering, finnes det også sjalusi og arroganse. Hvis vi for eksempel bare lovpriser en person overfor mange mennesker, eller hvis du bare skjenner på en person foran mange folk, da legger du veie for mer og mer uenighet. Du burde være forsiktig og klok nok til ikke å skape slike problemer.

Det finnes også mennesker som lider av diskriminering og fordommer fra deres sjefer, og når de selv blir sjefer, vil også de diskriminere imot visse individer og vise fordommer overfor andre. Men vi forstår at hvis du lider av slik urettferdighet, burde du være forsiktige med dine ord og oppførsel slik at du ikke bryter freden.

## Virkelig fred i hjerte

En annen ting du også burde tenke på når du fullfører fred er at en sann fred må bli utført fra hjerte. Selv de som ikke har fred med Gud eller med seg selv kan til en viss grad ha fred med andre mennesker. Mange troende hører alltid at de ikke må bryte freden, slik at de kanskje kan styre deres harde følelser og ikke kollidere med andre som har andre meninger som er forskjellige fra deres egne. Men det å ikke ha en utvendig konflikt betyr ikke at de har fått fredens gave. Gaven fra Ånden blir ikke bare født på utsiden, men også inne i selve hjertet.

Hvis den andre personen for eksempel ikke vil tjene eller anerkjenne deg, da vil du bli bitter, men du vil kanskje ikke gi uttrykk for dette utvendig. Du vil kanskje tenke, 'Jeg må bare ha litt mer tålmodighet!' og bare prøve å tjene denne personen. Men hva hvis det samme skjer en gang til.

Da vil du kanskje bli bitter. Du kan ikke gi direkte uttrykk for din bitterhet fordi du tror at dette bare vil skade din stolthet, men du vil kanskje kritisere denne personen indirekte. På en eller annen måte vil du avsløre din følelse av å bli fordømt. Du vil noen ganger ikke forstå andre og dette vil forhindre deg i å holde fred med dem. Du vil bare holde munnen din fordi du frykter at du vil få problemer hvis du krangler. Du vil stoppe med å prate til denne personen og bare kikke ned på ham istedenfor og tenke, 'Han er ond og veldig insisterende på hans egne synspunkter at jeg ikke kan prate med ham.'

På denne måten bryter du ikke freden utvendig, men du vil heller ikke ha gode følelser overfor denne personen. Du er ikke enig med hans meninger, og du vil til og med føle at du ikke vil være i nærheten av ham. Du vil kanskje også klage på ham og prate med andre om hans begrensninger. Du vil nevne dine ubehagelige følelser og si, "Han er virkelig ond. Hvordan kan noen forstå ham og det han gjorde! Men siden jeg vil være god, vil jeg godta ham." Det er selvfølgelig bedre å ikke bryte freden på denne måten enn å direkte bryte freden.

Men for å kunne ha en virkelig fred, må du tjene andre helt innerst fra ditt hjerte. Du burde ikke holde slike følelser inne og fremdeles ha ønske om å bli tjent. Du burde ha villigheten til å tjene og til å søke etter andres gagn.

Du burde ikke bare smile utvendig mens du dømmer folk utvendig. Du må kunne forstå folk fra deres synspunkter. Det er bare på denne måten den Hellige Ånd kan arbeide. Selv når de søker etter deres eget gagn, vil deres hjerter bli rørt og de vil forandre seg. Når hver involvert person har mangler, da kan de alle klandre seg selv. Til slutt kan alle ha en virkelig fred og kunne dele deres hjerter.

## Velsignelser for fredfulle

De som holder fred med Gud, med seg selv, og med alle, har myndigheten til å drive vekk mørket. De kan derfor fullføre freden rundt seg. Akkurat som det ble skrevet i Matteus 5:9, *"Velsignet er de fredfulle, for de skal bli kalt Guds sønner,"* de har myndigheten som Guds barn, lysets myndighet.

Hvis du for eksempel er en kirkeleder, da kan du hjelpe de troende med å ta imot fredens gave. Du kan nemlig gi dem det sannferdige Ordet gjennom myndighet og makt, slik at de kan dra vekk ifra syndene og bryte ned deres selvgodhet og rammeverk. Når synagogene til Satan som setter menneskene opp imot hverandre blir skapt, da kan du ødelegge dem med dine ord og din makt. På denne måten kan du gi fred blant forskjellige mennesker.

Johannes 12:24 sier, *"Sannelig, sannelig, sier jeg dere, hvis ikke hvetekornet faller i jorden og dør, blir det bare det ene kornet. Men hvis det dør, bærer det riktig frukt."* Jesus ofret Seg selv og døde akkurat som et hvetekorn og bar mangfoldige frukter. Han tilga syndene til de mangfoldige døende sjelene og lot dem få fred med Gud. På grunn av dette, ble selve Herren kongenes Konge og herrenes Herre og mottok stor ære og lovprisning.

Vi kan bare motta masse innhøstning når vi ofrer oss selv. Gud Faderen vil at Hans elskede barn skal gi ofringer og 'dø på samme måte som hvete' for å kunne motta masse gaver akkurat som Jesus hadde gjort. Jesus sa også i Johannes 15:8, *"For ved dette blir Min Far æret, at dere bærer mye frukt og blir Mine disipler."* Akkurat som det ble sagt, burde vi følge den Hellige Ånd ønsker for å bære fredens frukt og for å føre mange sjeler imot frelse.

Hebreerne 12:14 sier, *"Søk etter fred med alle mennesker, og den frelsen som alle må ha for å kunne se Herren."* Selv om du har fullstendig rett, vil det ikke være rett i Guds øyne hvis andre føler seg ille til mote på grunn av deg og på grunn av at det finnes uoverensstemmelse, så du burde derfor se tilbake på deg selv. Da kan du bli en hellig person som ikke har noen som helst form for ondskap og som kan se Herren. Ved å gjøre dette, håper jeg at du vil nyte den åndelige myndigheten her på jorden ved å bli kalt Guds sønn, og komme til en æret stilling i Himmelen hvor du kan se Herren hele tiden.

*Overfor Slike Ting Finnes Det Ingen Lov*

Jakob 1:4

"*Men utholdenheten må føre til fullkommen gjerning, så dere kan være fullkomne og hele, uten noen mangel.*"

# 5. Kapittel

# Tålmodighet

Tålmodighet som ikke behøver å være tålmodig
Tålmodighetens frukt
Tålmodigheten til de troende fedrene
Tålmodigheten for å komme inn til det himmelske kongerike

Tålmodighet

Det virker så ofte i livet at lykken avhenger av om vi kan være tålmodige eller ikke. Mellom foreldre og barn og koner og menn, blant søsken og mellom venner, vil folk gjøre ting som de vil senere angre på fordi de ikke var tålmodige. Vår suksess eller fiasko i våre studier, på arbeide, eller i vårt firma kan også ha med vår tålmodighet å gjøre. Tålmodighet er en slik viktig ting i livene våre.

Åndelig tålmodighet er det vi har lært gjennom verdslig mennesker og vil være helt forskjellige ifra hverandre. Mennesker her i verden vil tåle ting gjennom tålmodighet, men dette er en kjødelig tålmodighet. Hvis de har onde følelser, vil de lide mye ved å holde dem tilbake. De vil kanskje bite i tennene eller til og med stoppe med å spise. Det vil til slutt føre til problemer med nervøsitet eller depresjon. Men allikevel sier de at slike mennesker som kan holde deres følelser inne i seg viser mye tålmodighet. Men dette er ikke en åndelige tålmodighet.

## Tålmodighet som ikke behøver å være tålmodig

Åndelig tålmodighet er å ikke være tålmodig gjennom ondskap men gjennom godhet. Hvis du er tålmodig gjennom godheten, da kan du overvinne vanskeligheter gjennom takknemlighet og håp. Dette vil føre til at en får et større hjerte. Men hvis du på den annen side er tålmodig gjennom ondskap, da vil dine onde følelser stable seg opp og ditt hjerte vil bare bli tøffere og tøffere.

Hva hvis noen forbanner deg og gir deg smerter uten noen

grunn. Du vil kanskje føle det som om din stolthet har blitt skadet og du vil kanskje også føle deg bedratt, men du kan også slette det og tenke som så at du burde være tålmodig ifølge Guds Ord. Men ditt ansikt blir rødere, ditt pust blir hurtigere, og dine lepper vil stramme seg idet du prøver å styre dine følelser og tanker. Hvis du holder dine følelser inne på denne måten, vil de kanskje komme opp senere hvis ting blir verre. En slik tålmodighet er ikke en åndelig tålmodighet.

Hvis du har en åndelig tålmodighet, da vil ikke ditt hjerte bli irritert av noe. Selv om du blir galt anklaget, vil du bare prøve å la andre mennesker ta det med ro og vil bare tenke at det må ha oppstått en misforståelse. Hvis du har et slikt hjerte, vil du ikke behøve å 'holde ut' eller 'tilgi' noen. La meg gi deg en lett illustrasjon.

En kald vinternatt, var det et visst hus som hadde lyset på helt til sent på natten. Barnet i huset hadde en feber som gikk opp til 40 °C. Barnets far dyppet hans t-skjorten i kaldt vann og holdt barnet inn til seg. Når faren la et kaldt håndkle på barnet overrasket det ham og han likte det ikke. Men barnet ble trøstet i favnet til faren, selv om t-skjorten hadde vært kald i begynnelsen.

Når t-skjorten ble varm på grunn av feberen til barnet, da ville faren dyppe den i kaldt vann igjen. Faren måtte dyppe hans t-skjorte flere ganger før morgenen. Men han ble aldri trett av det. Men han kikket heller med elskende øyne på hans barn som sov trofast i hans armer.

Selv om han hadde vært oppe hele natten, klaget han ikke på at han var sulten eller trett. Han hadde ikke hatt tid nok til å tenke på hans egen kropp. All hans oppmerksomhet hadde gått til barnet og tanken om hvordan han skulle få hans sønn til å føle seg bedre og mer komfortabel. Og når barnet ble bedre, tenkte han ikke på hvor hardt han hadde arbeidet. Når vi elsker noen, da kan vi automatisk tåle veldig mye, og vi trenger derfor ikke å ha noen tålmodighet om noe. Dette er den åndelig meningen med 'tålmodighet.'

## Tålmodighetens frukt

Vi kan finne 'tålmodighet' i 1. Korinterne 13, "kjærlighets kapittelet", og dette er tålmodigheten hvor en kultiverer kjærligheten. Det står for eksempel at kjærligheten ikke søker etter ens eget gagn. For å kunne gi opp det vi gjerne vil ha og søke etter andres gagn først ifølge dette ordet, vil vi møte situasjoner som krever vår tålmodighet. Tålmodigheten i "Kjærlighets Kapittelet" er tålmodigheten som kultiverer kjærligheten.

Men tålmodigheten som er en av den Hellige Ånds frukter er tålmodige med alt. Denne tålmodigheten er høyere enn tålmodigheten fra den åndelige kjærligheten. Det er vanskeligheter når vi prøver å oppnå et mål, samme om det er for Guds kongerike eller om det er personlig tilfredsstillelse. Det vil oppstå sorg og hardt arbeide som vil ta all vår energi. Men vi kan tålmodig holde det ut gjennom troen og kjærligheten fordi vi har et håp om å høste inn frukten. En slik tålmodighet er tålmodigheten som en av fruktene fra den Hellige Ånd. Det finnes tre deler til denne tålmodigheten.

**Frukten er tålmodigheten som vil endre vårt hjerte.**
Jo mer ondskap vi har i vårt hjerte, jo vanskeligere er det å være

tålmodig. Hvis vi har nivåer med sinne, arroganse, grådighet, selvgodhet og et rammeverk som vi selv har satt opp, da vil vi ha dårlig sinne og onde følelser som kan oppstå over ubetydelige ting.

Det fantes et kirkemedlem som tjente rundt 90,000 N.Kr i måneden, og en måned hadde hans inntekt vært mye mindre enn vanlig. Da klaget han misunnelig til Gud. Senere tilstod han at han ikke hadde vært takknemlig for rikdommen som han hadde nytt fordi hans hjerte hadde vært fult av grådighet.

Vi burde være takknemlige for alt det Gud har gitt oss, selv om vi ikke tjener veldig mye. Da vil det ikke grådigheten vokse i vårt hjerte og vi vil kunne motta Guds velsignelser.

Men idet vi kaster vekk ondskapen og blir renset, blir det bare lettere og lettere å holde seg tålmodig. Vi kan holde det stille ut selv i vanskelige situasjoner. Vi kan bare forstå og tilgi andre uten å holde noe undertrykket.

Lukas 8:15 sier, *"Men det i den gode jorden, det er de som hører ordet og som tar vare på det i et fint og godt hjerte, så de er utholdende og bærer frukt."* Det vil si at de som har like gode hjerter som en god jord, kan være tålmodige helt til de mottar gode frukter.

Men vi trenger fremdeles god utholdenhet og vi trenger å prøve å forandre våre hjerter til en god jord. Hellighet kan ikke automatisk bli oppfylt bare gjennom våre ønsker om å få det. Vi må gjøre oss selv lydige gjennom sannheten ved å be iherdig gjennom hele vårt hjerte og gjennom fasting. Vi må stoppe med det som vi engang elsket, og hvis det finnes noe som ikke er åndelig fordelaktig, må vi kaste det bort. Vi må ikke stoppe midt i eller bare stoppe med å prøve etter et par ganger. Helt til vi høster inn frukten fra frelsen fullstendig og til vi oppnår vårt mål, må vi gjøre vårt beste gjennom selvbeherskelse og oppføre oss gjennom Guds Ord.

Det endelige målet til vår tro er himmelens kongerike, og spesielt det vakreste oppholdsstedet, det Nye Jerusalem. Vi må fortsette gjennom iherdigheten og tålmodigheten helt til vi når vårt mål.

Men noen ganger ser vi tilfeller hvor mennesker erfarer en nedsettelse av farten når de renser deres hjerte etter at de har ledet et iherdig kristelig liv. De kaster vekk 'det verdslige arbeide' hurtig fordi det er disse syndene som en kan se utvendig. Men siden de 'kjødelige tingene' ikke kan bli sett på utsiden, vil hastigheten som de bruker med å bli kvitt dem saktnet. Når de finner usannheten i dem, vil de be hardt for å bli kvitt den, men etter flere dager vil de glemme det. Hvis du vil fullstendig fjerne et ugress, vil du ikke bare fjerne bladet, men du vil dra opp hele roten. Det samme prinsippet gjelder den syndige egenskapen. Du må be og fortsette med å endre ditt hjerte helt til slutten, helt til du drar ut roten av din syndige natur.

Mens jeg var en ny troende, ba jeg for å kunne kaste bort visse synder, fordi jeg forstod mens jeg leste Bibelen at Gud hater veldig mye de syndige egenskapene som hat, sinne, og arroganse. Når jeg bestemt fulgte mine egne selv beviste synspunkter, kunne jeg ikke kaste bort hat og onde følelser ifra mitt hjerte. Men gjennom bønner ga Gud meg nåde til å kunne forstå andre fra deres synspunkter. Alle mine onde følelser imot dem smeltet vekk og mitt hat ble borte.

Jeg lærte å holde meg tålmodig idet jeg kastet vekk mitt sinne. I en situasjon hvor jeg hadde blitt anklaget urettferdig, telte jeg i mitt hodet, 'en, to, tre, fire...' og holdt på de ordene som jeg opprinnelig gjerne ville ha sagt. I begynnelsen var det vanskelig å holde mitt sinne inne, men idet jeg prøvde igjen og igjen, ble mitt sinne og irritasjoner gradvis borte. Selv i en veldig opphissende og provoserende situasjon, hadde jeg ikke noe som kom i mine tanker.

Jeg tror det tok meg tre år å bli kvitt min arroganse. Når jeg var en nybegynner i troen visste jeg ikke engang hva arroganse var, men jeg bare ba for å kunne bli kvitt den. Jeg sjekket meg selv hele tiden mens jeg ba. På grunn av dette kunne jeg respektere og ære til og med de menneskene som virket som om de hadde vært underverdige på mange områder. Senere tjente jeg andre prester med den samme innstillingen samme om de satt i ledelsen eller om de bare var nylig blitt prester. Etter at de hadde tålmodig bedt i tre år, innså jeg at jeg ikke hadde noen arroganse i meg lenger, og fra da av behøvde jeg ikke å lenger be om arrogansen.

Hvis du ikke drar ut roten fra den syndige naturen, vil denne spesielle delen av synden komme tilbake i en ekstrem situasjon. Du vil kanskje bli lei deg når du innser at du fremdeles har den usanne egenskapen i ditt hjerte som du trodde at du hadde blitt kvitt. Du vil kanskje miste motet og tenke, 'Jeg prøvde så hardt å bli kvitt det, men det finnes fremdeles inne i meg.'

Du vil kunne finne deler av usannheten inne i deg helt til du drar ut hele den opprinnelige roten med den syndige naturen, men det betyr ikke at du ikke har hatt en åndelig framgang. Når du skreller en løk, kan du se de samme slags lagene over og over igjen. Men hvis du fortsetter med å skrelle uten å stoppe, da vil løken til slutt forsvinne. Det samme gjelder den syndige naturen. Du må ikke miste motet bare på grunn av at du ikke ennå har fullstendig kastet dem bort. Du må ha tålmodighet helt til slutten og fortsette med å bare prøve hardere mens du ser fremover for å se at du har forandret deg.

Noen andre mennesker mister motet hvis de ikke mottar materielle velsignelser med det samme etter at de har gjort noe ifølge Guds Ord. De tror at de ikke har fått noe tilbake uten et tap når de gjør noe godt. Noen mennesker vil til og med klage på at de iherdig går i kirken, men ikke mottar noen velsignelser. Det finnes selvfølgelig ikke noen grunn for dem å klage. Det er bare det at de ikke får velsignelser ifra Gud fordi de fremdeles ikke er sannferdige og vil ikke kaste bort de tingene som Gud ber oss om å kaste bort.

Det faktum at de klager vil være bevis på at fokuseringen av deres tro hadde blitt misforstått. Du vil ikke bli trett hvis du gjennom troen er god og sannferdig. Jo mer god du er, jo gladere vil du bli, og du vil begynne å lengte etter flere gode ting. Når du blir renset gjennom troen på denne måten, da vil din sjel vokse, alle ting vil gå godt for deg, og du vil holde deg frisk.

**Den andre slags tålmodigheten er den blant mennesker.**

Når du omgår mennesker som har ulike personligheter og utdannelse, da kan det oppstå forskjellige situasjoner. En kirke er et sted hvor mennesker fra mange forskjellige bakgrunner kommer sammen. Så hvis vi går ifra små ting og videre til de mer seriøse ting, vil du kanskje tenke annerledes på det, og det kan skje at freden blir brutt.

Menneskene vil kanskje si, "Hans tankegang er helt forskjellig fra min. Det er vanskelig for meg å arbeide med ham fordi vi har veldig forskjellige personligheter." Men selv mellom en mann og en kone, hvor mange er det som har den perfekte samme personligheten? Deres livsstiler og smak er forskjellige, men de vil gi etter for hverandre slik at de kan godt komme over ens med hverandre.

De som lengter etter frelse vil være tålmodige i alle slags situasjoner med alle slags personer og holde på freden. Selv i noen vanskelige og ukomfortable situasjoner, vil de prøve å tilfredsstille andre. De vil alltid forstå andre på grunn av deres gode hjerte og de vil tåle alt mens de søker etter andres gagn. Selv når andre handler ondskapsfulle, vil de bare godta det. De vil bare tilbakebetale denne ondskapen med godhet og ikke ondskap.

Vi må også være tålmodige når vi forkynner eller rådfører sjelene, eller når vi trener kirkearbeidere til å fullføre Guds kongerike. Når jeg arbeider i menigheten som prest, ser jeg noen mennesker som endrer seg veldig sakte. Når de tar til seg det verdslige og håner Gud, da gråter jeg mye, men jeg har aldri gitt opp håp fra min side. Jeg holder ut fordi jeg håper at de en dag vil forandre seg.

Når jeg trener kirkearbeiderne må jeg være tålmodig i lang tid. Jeg kan ikke bare gi dem ordre eller tvinge til å gjøre det jeg vil. Selv om jeg vet at tingene vil bli gjort litt saktere, kan jeg ikke ta bort kirkearbeidernes forpliktelser og si, "Dere er ikke dyktige nok. Dere får sparken." Jeg vil bare være tålmodig og lede dem til de blir dyktige. Jeg venter på dem i fem, ti, eller femten år slik at de kan ha muligheten til å fullføre deres forpliktelser gjennom den åndelige treningen.

Jeg er ikke bare tålmodige med dem når de ikke tar imot noen frukt men også når de gjør noe galt, så de ikke vil snuble. Det ville kanskje vært lettere hvis en annen person som er dyktig nok kan gjøre det i stedet for dem, eller hvis denne personen blir skiftet med noen dyktigere. Men jeg prøver å være tålmodig helt til slutten for hver eneste sjel. Det er også for å fullføre Guds kongerike på en mer fullstendig måte.

Hvis du sår frø med tålmodighet på denne måten, da vil du helt sikkert motta frukten ifølge Guds rettferdighet. Hvis du for eksempel holder deg tålmodig med noen sjeler helt til de forandrer seg, ber gråtende for dem, da vil du ha et stort hjerte til å ta vare på dem alle. Slik vil du oppnå myndighet og makt for å vekke opp mangfoldige sjeler. Du vil få makten til å endre sjelene som du tar vare på i ditt hjerte gjennom bønner som et rettferdig menneske. Hvis du også styrer ditt hjerte og sår frø med utholdenhet selv om du møter falske anklagelser, vil Gud la deg innhøste velsignelses frukter.

**Det tredje er tålmodigheten i vårt forhold med Gud.**

Det refererer til tålmodigheten som du burde ha helt til du mottar svaret på dine bønner. Markus 11:24 sier, *"Derfor sier jeg, alle ting som du ber om og spør etter, skal du tro på at du har mottatt dem, og slik skal du få dem."* Vi kan tro på alle ordene i de sekstiseks bøkene i Bibelen hvis vi tror. Det finnes løfter ifra Gud som sier vi vil motta det vi spør etter, og vi kan derfor oppnå alt gjennom bønn.

Men dette betyr selvfølgelig ikke at vi bare kan be og ikke gjøre noe annet. Vi må praktisere Guds Ord på en måte hvor vi kan motta svar. En student som ligger i midten av klassen når det kommer til karakterer vil for eksempel be om å bli studenten med den høyeste karakteren. Men han dagdrømmer i klassen og studerer ikke. Kan han så få den høyeste karakteren i klassen? Han må studere hardt mens han ber slik at Gud kan hjelpe ham få den bets karakteren.

Det samme gjelder i handel. Du vil be iherdig for at ditt firma skal utvikle seg, men ditt mål er å få et nytt hus, investere i eiendommer, og kjøpe deg en luksus bil. Ville du kunne motta svar på dine bønner? Gud vil selvfølgelig at Hans barn skal leve i overflod, men Gud vil ikke være tilfreds med ønsker som har med grådighet å gjøre. Men hvis du gjerne vil motta velsignelser for å hjelpe de fattige og for å gi til misjonær arbeidere, og hvis du følger den rette veien uten å gjøre noe ulovlig, da vil Gud helt sikkert føre deg til velsignelser.

Det finnes mange løfter i Bibelen hvor Gud vil svare på Hans barns bønner. Men i mange tilfeller mottar mennesker ikke svarene på grunn av at de ikke har nok tålmodighet. Mennesker vil kanskje spørre etter svar med det samme, men Gud vil kanskje ikke svare dem med det samme.

Gud vil svare dem på den mest rette og beleilige tiden fordi Han vet alt. Hvis deres bønns emne er noe som er stort og viktig, kan Gud bare svare dem når bønnen har blitt fullført. Når Daniel ba for å motta avsløringen av de åndelige tingene, sendte Gud Hans engel for å svare på hans bønner så fort Daniel begynte å be.

Men det tok en tjueen dagers periode før Daniel egentlig møtte engelen. I de tjueen dagene fortsatte Daniel å be med det samme ivrige hjerte som da han først begynte å be. Hvis vi virkelig tror på at vi allerede har fått noe, da er det ikke vanskelig å vente til vi mottar det. Vi vil bare tenke på gleden som vi vil ha når vi egentlig mottar løsningen på problemet.

Noen troende kan ikke vente til de mottar det de har spurt Gud etter gjennom deres bønner. De vil kanskje be og faste for å spørre Gud, men hvis svaret ikke kommer hurtig nok, da vil de kanskje bare gi opp og tenke som så at Gud ikke vil svare dem.

Hvis vi virkelig tror og ber, vil vi ikke miste motet eller gi opp. Vi vet aldri når svaret vil komme: i morgen, i kveld, etter den neste bønnen, eller etter et år. Gud kjenner godt til den perfekte tiden hvor Han skal svare oss.

Jakob 1:6-8 sier, *"Men han må be i tro, uten å tvile. For den som tviler, ligner en bølge på havet som drives og kastes hit og dit av vinden. Ikke må et slikt menneske vente å få noe av Herren, splittet som han er, og ustø i all sin ferd."*

Det eneste som er viktig er hvor iherdig vi tror når vi ber. Hvis vi virkelig tror at vi har mottatt svar, da kan vi være glade og lykkelige i alle situasjoner. Hvis vi har nok tro til å motta svar, da vil vi be og gjøre ting gjennom troen helt til frukten blir lagt i våre hender. Når vi også går gjennom hjertets lidelses eller fordømmelser mens vi gjør Guds arbeide, da kan vi bære godhetens frukter bare gjennom tålmodigheten.

## Tålmodigheten til de troende fedrene

Det vil være vanskelige stunder når en springer et maraton løp. Lykken med å avslutte løpet etter at en har overvunnet slike vanskelige stunder ville være så store at dette bare kan bli forstått av en som selv har erfart det. Guds barn som springer i troens løp vil kanskje også møte vanskeligheter fra tid til annen, men de kan overvinne alt ved å se opp til Jesus Kristus. Gud vil gi dem Hans nåde og styrke, og den Hellige Ånd vil også hjelpe dem.

Hebreerne 12:1-2 sier, *"Derfor når vi har en så stor sky av vitner rundt oss, så la oss legge av alt som tynger, og synden som så lett fanger oss inn, og med utholdenhet fullføre det løpet som ligger foran oss, med blikket festet på Ham som er troens opphavsmann og fullender, Jesus. For å få den gleden Han hadde i vente, holdt Han ut på korset uten å bry seg om skammen, og nå har Han satt seg på høyre side av Guds trone."*

Jesus led mye på grunn av forakt og hån fra Hans skapninger helt til Han fullførte frelsens forsyn. Men siden Han visste at Han skulle sitte på høyre side av Guds trone og at menneskene ville bli frelst, tok Han bare tålmodig alt til seg helt til slutten uten å tenke noe på Hans fysiske skamme. Når alt kommer til alt døde Han på korset for menneskenes synder, men Han oppstod fra de døde den tredje dagen for å åpne veien til frelse. Gud satte Jesus opp som kongenes Konge og herrenes Herre, for Han adlød hele tiden gjennom kjærlighet og tro helt til Han døde.

Jakob var barnebarnet til Abraham og han ble israelernes far. Han hadde et fornektende hjerte. Han tok fødselsrettigheten til hans bror Esau ved å bedra ham, og flyktet så til Haran. Han mottok Guds løfte i Betel.

1. Mosebok 28:13-15 sier, *"...det landet du ligger, i vil Jeg gi deg og din ætt. Din ætt skal bli som støvet på jorden. Du skal bre deg ut mot vest og øst, mot nord og sør, og i deg og din ætt skal alle slekter på jorden velsignes. Se, Jeg vil være med deg og bevare deg hvor du går, og føre deg tilbake til dette landet. For Jeg skal ikke forlate deg, men gjøre det Jeg har lovet deg."* Jakob var tålmodig i tjue år gjennom prøvelser og ble til slutt israelernes far.

Josef var Jakobs ellevte sønn, og han var den eneste av hans brødre som mottok all hans fars kjærlighet. En dag ble han solgt som slave til Egypt av hans egne brødre. Han ble en slave i et fremmed land, men han mistet aldri motet. Han gjorde hans beste i hans arbeide og han ble sett på som veldig trofast av hans herre. Hans situasjon ble bedre ved å ta vare på hele hans herres husholdning, men han ble galt anklaget og satt i et politisk fengsel. Det ble en rettsak etter den andre.

Alle stegene var selvfølgelig Guds nåde og prosess med å forberede ham til å bli statsminister i Egypt. Men det var ingen som visste dette unntatt Gud. Men Josef mistet til og med ikke i fengsel, fordi han var troende og han trodde på Guds løfte som han hadde fått i hans barndom. Han trodde på at Gud ville fullføre hans drømmer hvor solen og månen og de elleve stjernene i himmelen bukket ned på ham, og han ble derfor ikke påvirket i noen som helst situasjoner. Han stolte fult og fast på Gud, og han hadde tålmodighet med alt og fulgte den rette veien ifølge Guds Ord. Hans tro var en sann tro.

Hva hvis du hadde funnet deg i den samme situasjonen? Hva

ville du ha følt i 13 år siden dagen han hadde blitt solgt som slave? Du ville sikkert ha bedt mye overfor Gud for å komme deg ut av situasjonen. Du ville sikkert ha sjekket deg selv og angret på alle ting som du overhode kunne tenke på for å kunne motta Guds svar. Du ville også spørre etter Guds nåde med mangfoldige tårer og alvorlige ord. Og hvis du ikke får svar på et, to, eller til og med ti år, men det bare oppstår mer og mer vanskelige situasjoner, hvordan ville du så føle deg?

Han satt i fengsel mesteparten av hans aktive liv, og idet han så at dagene bare fløy forbi helt meningsløst hadde han sikkert følt seg veldig miserabel hvis han ikke hadde hatt troen å holde seg til. Hvis han hadde tenkt på hans gode liv i hans fars hus, ville han sikkert ha følt seg endra verre. Men Josef stolte alltid på Gud som voktet over ham, og han trodde virkelig på Guds kjærlighet, Han som gir det beste på det riktige tidspunktet. Han mistet aldri håpet selv under deprimerende prøvelser, og han oppførte seg bare trofast og godhjertet ved å være tålmodig helt til hans drøm til slutt ble til virkelighet.

David hadde også blitt anerkjent av Gud som en mann fra Guds eget hjerte. Men selv etter at han hadde blitt nevnt som den neste kongen, måtte han gå gjennom veldig mange prøvelser inkludert det å bli jaget av kong Saulus. Han kom nær døden mange ganger. Men ved å gå gjennom alle disse vanskelighetene troende, ble han en mektig konge som kunne styre hele Israel.

Jakob 1:3-4 sier, *"...for dere vet at når troen blir prøvd, skaper det utholdenhet. Men utholdenheten må føre til fullkommen gjerning, så dere kan være fullkomne og hele, uten noen mangel."* Jeg anbefaler dere om å fullstendig kultivere en slik tålmodighet. Denne tålmodigheten vil øke din tro og utvide og gjøre ditt hjerte dypere for å gjøre det mer modent. Du vil kunne erfare velsignelsene og svar ifra Gud som Han hadde lovet deg hvis du fullstendig fullfører tålmodighet (Hebreerne 10:36).

## Tålmodigheten for å komme inn til det himmelske kongerike

Vi trenger tålmodighet for å komme inn til det himmelske kongerike. Noen sier at vi vil nyte verden mens de er unge og begynne å gå i kirken etter at de blir eldre. Noen andre lever et godt troende liv i håp om Herrens tilbakekomst, men så mister de tålmodighet og de forandrer så meningen. Siden Herren ikke kommer så hurtig som de hadde forventet, føler de at det er altfor vanskelig å fortsette med å holde seg helt knyttet til troen. De sier at de vil hvile litt med omskjæringen av deres hjerte og gjøre Guds arbeide, og når de blir mer sikre på at de kan se tegn på at Herren vil komme, da vil de prøve hardere.

Men det er ingen som vet når Gud vil tilkalle vår ånd, eller når Herren vil komme. Selv om vi ville visste om tiden på forhånd, kan vi ikke ha like mye tro som vi vil. Mennesker kan ikke bare ha en åndelig tro for å kunne motta frelse når som helst. Dette kan du bare få ifra Guds nåde. Fiende djevelen og Satan vil heller ikke bare forlate dem slik at de kan motta frelse så lett. Og hvis du også har et håp om å komme inn til det Nye Jerusalem i Himmelen, da kan du gjøre alt gjennom tålmodighet.

Salmenes bok 126:5-6 sier, *"De som sår med tårer, skal høste med jubelrop. Gråtende går de og sår ditt korn, med jubel skal de komme og bære sine kornband."* Det må virkelig være gjennom vår anstrengelse, tårer, og sorg at vi sår frøene og vokser dem. Noen gang vil vi kanskje ikke få nok regn, eller det vil oppstå orkaner eller alt for mye regn som vil ødelegge avlingen. Men vi vil til slutt ha lykken med en kjempestor innhøstning ifølge rettferdighetens regler.

Gud vil vente i tusen år akkurat som en dag for å få sannferdige barn, og Han vil ta til seg smerten med å gi sin egen sønn for oss. Herren tok tålmodig til seg smerten av korset, og den Hellige Ånden vil også bære den utrolige gryntingen i løpet av den tiden hvor menneskene ble kultivert. Jeg håper du vil kultivere en fullstendig åndelig tålmodighet, minnes om Guds kjærlighet slik at du vil ha en overflod av velsignelser både her på jorden og i Himmelen.

Lukas 6:36

*"Vær barmhjertige,*

*slik deres far er barmhjertig."*

*Overfor Slike Ting Finnes Det Ingen Lov*

# 6. Kapittel

# Vennlighet

Forstå og tilgi andre gjennom frukten fra vennligheten

Det å trenge å ha hjerte og gjerningene i likhet med Herren

Å kaste bort fordommer for vennlighet

Barmhjertighet for de som har det vanskelig

Du burde ikke lett peke på andres feil

Vær generøs overfor andre

Gi andre æren

Vennlighet

Noen ganger sier folk at de ikke kan forstå en viss person selv om de har prøvd å forstå ham, eller selv om de har prøvd å tilgi denne personen, klarer de ikke å tilgi ham. Men hvis vi har tatt til oss frukten med vennligheten i vårt hjerte, finnes det ikke noe som vi ikke kan forstå og det er heller ikke noen vi ikke kan tilgi. Vi vil kunne forstå alle gode personer og akseptere alle kjærlige mennesker. Vi kan ikke si at vi liker en person på grunn av en viss grunn og at vi ikke liker en annen person på grunn av noe annet. Vi ville verken like eller hate noen. Vi ville ikke holde oss på dårlige vilkår eller holde på dårlige følelser overfor andre, og ville heller ikke ha fiender.

## Forstå og tilgi andre gjennom frukten fra vennligheten

Vennlighet er kvaliteten eller tilstanden med å være snill. Men den åndelige meningen med vennlighet ligger litt nærmere barmhjertighet. Og den åndelige meningen med barmhjertighet er "å forstå gjennom troen selv de som ikke i det hele tatt kan bli forstått av mennesker." Det er også hjertet som kan tilgi gjennom sannheten selv for de som ikke kan bli tilgitt av menneskene. Gud viser barmhjertighet mot mennesker som har et barmhjertig hjerte.

Salmenes bok 130:3 sier, *"hvis du vil gjemme på syndskyld, HERRE, hvem kan da bli stående?"* Akkurat som det ble skrevet var det ingen som ville kunne stå opp imot Gud hvis Gud ikke hadde hatt noen barmhjertighet og hadde dømt oss ifølge rettferdigheten. Men Gud tilga oss og aksepterte selv de som hverken kunne bli tilgitt eller akseptert hvis bare rettferdigheten hadde blitt brukt. Gud ga også livet til Hans eneste sønn for å redde menneskene fra den evige døden. Siden vi har blitt Guds barn ved å tro på Herren, vil Gud gjerne at vi skal kultivere et slikt barmhjertig hjerte. På grunn av dette sier Gud i Lukas 6:36, *"Vær like barmhjertig som Faderen."*

En slik barmhjertighet er veldig lik kjærlighet, men den er også annerledes på forskjellige måter. En Åndelig kjærlighet er å kunne ofre seg selv for andre uten å forvente noe tilbake, mens barmhjertighet er mer tilgivelse og godtakelse. Det vil si at det er det å kunne akseptere og omfavne alt fra en person og ikke misforstå eller hate ham selv om han ikke er verdig med å motta noen form for kjærlighet. Du ville ikke hate eller unngå noen bare på grunn av at hans meninger er annerledes enn dine egne, men du kan istedenfor gi ham styrke og beskytte ham. Hvis du har et varmt hjerte som aksepterer andre, vil du ikke avsløre deres synd eller deres feil, men heller beskytte dem og akseptere dem slik at du kan ha et godt forhold til dem.

Det fantes en begivenhet som avslørte et slikt barmhjertig hjerte veldig klart og tydelig. En dag ba Jesus hele natten på Oljeberget og kom til Tempelet på morgenen. Mange mennesker samlet seg idet Han satt seg ned, og det oppstod litt opprørskhet idet Han forkynte Guds Ord. Det var noen skribenter og fariseere blant mengden som brakte en kvinne til Jesus. Hun skalv av frykt.

De fortalte Jesus at kvinnen hadde blitt tatt i ekteskapsbrudd, og spurte Ham hva Han ville gjøre med henne siden Loven sier at en slik kvinne skal bli steinet. Hvis Jesus hadde bedt dem om å steine henne, hadde ikke dette vært i samsvar med Hans lære om

"Elsk dine fiender." Men hvis Han ba dem om å tilgi henne, ville dette bryte Loven. Det virket som om Jesus hadde blitt satt i en forferdelig vanskelig situasjon. Men Jesus bare skrev noe ned på bakken og sa som det ble skrevet ned i Johannes 8:7, *"Han som ikke er syndig blant dere, la ham være den første til å kaste en stein på henne."* Folkene fikk dårlig samvittighet og forlot en og en av gangen. Til slutt var det bare Jesus og kvinnen igjen.

I Johannes 8:11 sa Jesus til henne, *"Jeg fordømmer deg heller ikke. Gå. Fra nå av må du aldri mer synde."* Det å si, "Jeg fordømmer deg ikke," betyr at Han tilga henne. Jesus tilga en kvinne som ikke kunne bli tilgitt og ga henne en sjanse til å vende seg vekk ifra hennes synder. Dette er et barmhjertig hjerte.

## Det å trenge å ha hjerte og gjerningene i likhet med Herren

Barmhjertighet er å virkelig tilgi og til og med elske dine fiender. Akkurat som en mor som tar vare på hennes nyfødte barn, ville vi akseptere og omfavne alle. Selv når mennesker har mange feil eller de har begått store synder, vil vi heller ha barmhjertighet enn det å dømme og fordømme dem. Vi ville hate synden, men ikke synderen, og vi vil forstå denne personen og prøve å la ham leve.

Hva hvis det finnes et barn med en veldig svak kropp som blir ofte syk. Hvordan ville moren føle seg overfor dette barnet? Hun ville ikke undre på hvorfor han ble født slik og hvorfor han gjorde det så vanskelig for henne. Hun ville ikke hate barnet på grunn av dette. Hun ville heller ha mer kjærlighet og barmhjertighet for ham enn de andre barna som er friske.

Det var en mor som hadde en sønn som var tilbakestående. Helt til han ble tjue år hadde hans psykiske alder vært lik et to år gammelt barn, og moren kunne ikke ta blikket vekk fra ham et øyeblikk. Men hun tenkte aldri på at det var vanskelig å ta vare på hennes sønn. Hun følte bare sympati og barmhjertighet for hennes sønn mens hun tok vare på ham. Hvis vi har en slik barmhjertighets frukt, da vil vi ikke bare være barmhjertige overfor vårt eget barn men også alle andre.

Jesus forkynte evangeliet om himmelens kongerike da Han opptrådde i Hans offentlige prestetjeneste. De fleste folkene som kom for å høre på Ham var ikke rike og mektige; men de var fattige, forlatte, eller de ble sett på som syndere, som for eksempel skatte futer eller horer.

Det samme skjedde når Jesus valgte Hans disipler. Folk vil kanskje tro at det hadde vært klokt å velge mennesker som hadde vært godt kjent med Guds Lov, fordi det ville blitt lettere å lære dem om Guds Ord. Men Jesus valgte ikke slike mennesker. Som Hans disipler valgte Han Matteus, som var en skatte fut; Peter, Andrew, Jakob, og H\Johannes som var fiskere.

Jesus også helbredet forskjellige slags sykdommer. En dag helbredet Han en person som hadde vært syk i trettiåtte år og ventet på flyttingen av vannet i Bethesda sjøen. Han levde med smerter uten noe som helst håp om et godt liv, men det var ingen som la merke til ham. Men Jesus kom til ham og spurte ham, "Vil du gjerne bli frisk?" og så helbredet Han ham.

Jesus helbredet også en kvinne som hadde blødd i tolv år. Han åpnet øynene til Bartimaeus, som var en blind tigger (Matteus 9:20-22; Markus 10:46-52). På vei til en by som het Nain, så Han en enke som akkurat hadde mistet hennes sønn. Han syntes synd på henne og vekket opp den døde sønnen (Lukas 7:11-15). I tillegg til dette, kikket Han etter de som var undertrykket. Han ble venner med de som hadde blitt forlatt som for eksempel skatte futene og syndere.

Noen mennesker kritiserte Ham fordi Han spiste sammen med synderne, og sa, *"Hvorfor sitter deres lærer sammen skatte futene og synderne og spiser?"* (Matteus 9:11). Men når Jesus hørte dette sa Han, *"det er ikke de som er friske som trenger en lege, men de som er syke. Men dra avgårde og lær hva dette betyr: 'Jeg vil gjerne ha barmhjertighet, og ikke ofring,' for Jeg kom ikke hit for de rettferdige, men for synderne"* (Matteus 9:12-13). Han lærte oss å ha et barmhjertige og vennlige hjertet overfor synderne og de syke.

Jesus kom ikke bare for de rike og de rettferdige, men heller for de fattige og de syke, og synderne. Vi kan hurtig bære frukten fra barmhjertigheten når vi tar til oss dette hjerte og Jesus gjerninger. La oss nå kikke på det som vi spesielt burde gjøre for å kunne ta til oss frukten fra barmhjertigheten.

## Å kaste bort fordommer for vennlighet

Verdslige mennesker vil så ofte dømme mennesker ifølge deres utseende. Deres holdning til andre mennesker vil endre seg avhengig av om de ser dem som rike eller berømte. Guds barn må ikke dømme mennesker på grunn av deres utseende eller endre deres hjerte bare på grunn av deres utseende. Vi må til og med ta i betraktning små barn eller de som virker som om de er underdanige, og heller se på dem som om de er bedre enn oss og tjene dem med Herrens hjerte.

Jakob 2:1-4 sier, "*Mine søsken! Dere kan ikke tro på vår Herre Jesus Kristus, herlighetens Herre, og samtidig gjøre forskjell på folk. Sett at det kommer to menn inn i forsamlingen deres, den ene i staselige klær og med gullring på fingeren, den andre fattig og i skitne klær. Så legger dere merke til ham med de staselige klærne og sier: 'Vær så god, her er en god plass!' men til den fattige: 'De kan stå der', eller: 'Sett deg her ved føttene mine!' Om det bare er han med de staselige klærne dere bryr dere om, har dere ikke da skapt et skille mellom dere? Er dere ikke blitt dommere med onde tanker?*"

1. Peter 1:17 sier, "*dere påkaller Gud som Far, Han som ikke gjør forskjell på folk, men dømmer enhver etter hans gjerninger. Da må også dere leve i Gudsfrykt den tiden dere ennå er her som fremmede.*"

Hvis vi bærer frukten med barmhjertighet, da vil vi ikke dømme eller fordømme andre på grunn av deres utseende. Vi burde også sjekke om vi også har fordommer eller om vi diskriminerer på en åndelig måte. Det tar noen mennesker lang tid til å forstå åndelige ting. Andre vil mangle noe på kroppen deres, slik at de vil prate eller gjøre noe som ikke stemmer med en viss situasjon. Og det er også andre som gjør ting som ikke har noe med Herrens oppførsel å gjøre.

Når du ser eller omgås slike mennesker, har du ikke følt deg litt frustrert? Har du ikke sett ned på dem eller gjerne villet unngå dem til en viss grad? Har du gjort andre flau med dine aggressive ord eller uhøflige holdning?

Det er også noen som dømmer og prater om andre som om de selv er en dommer når denne personen har syndet. Når kvinnen som hadde vørt utro ble brakt til Jesus, var det mange mennesker som pekte fingeren på henne på grunn av dømming og fordømmelse. Men Jesus dømte henne ikke men bare ga henne en sjanse til å bli reddet. Hvis du har et slikt barmhjertig hjerte, da vil du ha barmhjertighet for de som mottar straff for deres synder, og du vil håpe at de vil kunne forandre seg.

## Barmhjertighet for de som har det vanskelig

Hvis vi er barmhjertige, da vil vi ha medlidenhet med de som har det vanskelig og nyte å hjelpe dem. Vi vil ikke bare føle sorg i våre hjerter for dem og si, "Hold ditt hjerte og bli sterk!" med våre egne lepper. Vi vil automatisk gi dem litt hjelp.

1. Johannes 3:17-18 sier, *"Men den som har mer enn nok å leve av og likevel lukker sitt hjerte når han ser sin bror lide nød, hvordan kan han ha Guds kjærlighet i seg? Mine kjære, la oss elske, ikke med tomme ord, men i gjerning og sannhet."* Og Jakob 2:15-16 sier også, *"Sett at en bror eller søster ikke har klær og mangler mat for dagen, og en av dere sier til dem: 'Gå i fred, hold dere varme og spis dere mette', hva hjelper så det, dersom dere ikke gir dem det kroppen trenger?"*

Du burde ikke tenke, 'Det er ille at han sulter, men jeg kan ikke virkelig gjøre noen med det fordi jeg bare har nok for meg selv.' Hvis du virkelig hadde hatt et rent hjerte og følt ille for personen, da kunne du ha delt eller gi dem din porsjon. Hvis en tenker at ens stilling ikke vil tillate ham å hjelpe noen andre mennesker, da er det veldig usannsynlig at han vil hjelpe andre selv hvis han blir rik. Dette gjelder ikke bare materialistiske ting. Når du ser noen som lider fra hvilke som helst problemer, burde du ville hjelpe litt og dele smerten med denne personen. Dette er barmhjertighet. Du burde spesielt ta vare på de som er ved å falle inn i Helvete fordi de tror ikke på Herren. Du vil prøve hardt med å føre dem mot veien til frelse.

I Manmin Sentral Kirken har det oppstått store undere ifra Guds makt siden den åpnet. Men jeg spør fremdeles etter større makt og gir hele mitt liv til å åpenbare makten. Dette er fordi jeg selv led av fattigdom, og jeg fikk god erfaring med et å miste håpet på grunn av sykdom. Når jeg ser mennesker som lider av slike problemer, føler jeg som om deres smerte er min egen, og jeg vil gjerne hjelpe dem så godt jeg kan.

Det er mitt ønske å løse problemet deres og redde dem fra straffen i Helvete og føre dem til Himmelen. Men hvordan kan jeg alene hjelpe så mange mennesker? Svaret på dette er fra Guds makt. Selv om jeg ikke kan løse alle problemene som har med fattigdom, sykdom, og mange andre ting til alle mennesker, kan jeg hjelpe dem med å møte og erfare Gud. Det er på grunn av dette at jeg prøver å åpenbare Guds store makt, slik at flere mennesker kan møte og få erfare Gud.

Det å vise makten er selvfølgelig ikke den fullstendige prosessen med frelse. Selv om de fikk troen ved å se makten, må vi fysisk og åndelig ta vare på dem helt til de kan holde seg til troen på egen hånd. Det er derfor jeg gjorde mitt beste med å hjelpe de som trang det selv når selve kirken hadde det vanskelig økonomisk. Det var for at de kunne marsjere imot Himmelen med mer styrke. Salomos Ordspråk 19:17 sier, *"En som er snill mot en fattig mann vil gi noe til HERREN, og Han vil betale dem tilbake for hans gode gjerninger."* Hvis du tar vare på sjelene med et hjerte som Herren har, da vil Gud helt sikkert gi deg mange velsignelser.

## Du burde ikke lett peke på andres feil

Hvis du elsker noen, vil vi ofte gi dem råd eller irettesette ham. Hvis foreldre aldri skjenner på deres barn i det hele tatt, men tilgir dem hele tiden fordi de elsker barna deres, da vil barna deres bli skjemmet bort. Men hvis vi er barmhjertige, da kan vi ikke lett straffe, irettesette, eller peke på deres mangler. Når vi bare gir et råd, vil vi gjøre det gjennom bønner i tankene og ta vare på denne personens hjerte. Salomos Ordspråk 12:18 sier, *"Tankeløs tale stikker som sverd, men vismenn har legedom på tungen."* Spesielt prester og ledere som underviser de troende må holde på disse ordene i tankene.

Du kan lett si, "Du har et usant hjerte, og det er ikke Gud tilfreds med. Du mangler dette og dette, og du er ikke elsket av andre på grunn av disse tingene." Selv om det du sier er sant, vil ikke dette gi liv hvis du peker på hans mangler fra ditt eget synspunkt eller fra din egen selvgodhet uten noen som helst kjærlighet. Andre vil ikke endre seg på grunn av dette rådet, de vil bli såret og de vil miste motet og tape styrken.

Noen ganger vil kirkemedlemmer spørre meg om å peke på

deres feil slik at de kan innse dem og endre seg. De sier at de gjerne vil bli klar over deres feil og endre seg. Så hvis jeg veldig forsiktig begynner å si noe, da vil de stoppe meg og begynne å forklare deres synspunkt, slik at jeg ikke virkelig kan gi dem råd. Å gi et råd er ikke lett heller. På dette tidspunktet kan de akseptere det med takknemlighet, men hvis de mister den fullstendige ånden, da er det ingen som vet hva som vil skje i hjertet deres.

Noen ganger må jeg peke på ting for å kunne fullføre Guds kongerike eller for å tillate folk til å kunne motta løsningen på problemene deres. Jeg vil kikke på deres endrende ansiktuttrykk gjennom mine bønnfallende tanker, og håpe at de ikke vil bli fornærmet eller miste motet.

Når Jesus sterkt irettesatte fariseerne og skribentene, klarte de selvfølgelig ikke å akseptere Hans råd. Jesus ga dem en sjanse om at i hvert fall en av dem ville høre på Ham og begynne å angre. Og siden de var folkets lærere, ville Jesus gjerne at de skulle innse og ikke bli bedratt av deres hykleri. Utenom spesielle tilfeller burde du ikke si ting som fornærmer andres følelser eller avsløre deres feil slik at de vil snuble. Når du må gi råd fordi det er fullstendig nødvendig, burde du gjøre det med kjærlighet, og tenke fra den andre personens synspunkt og ta vare på denne sjelen.

## Vær generøs overfor andre

De fleste mennesker kan gi det de har til en viss grad til de som de elsker. Selv de som er gjerrige kan låne eller gi presanger til andre hvis de vet at de kan motta noe tilbake. I Lukas 6:32 står det, *"Hvis du elsker de som elsker deg, hvilken kreditt gir så dette deg? For syndere elsker de som elsker dem."* Vi kan bære frukten av barmhjertighet når vi kan gi oss selv uten at vi vil ha noe tilbake.

Jesus visste ifra begynnelsen at Judas ville bedra Ham, men Han behandlet ham på samme måte som Han behandlet hans andre disipler. Han ga ham mange sjanser om og om igjen slik at han kunne begynne å angre. Selv når Han ble korsfestet, ba Jesus for de som korsfestet Ham. Lukas 23:34 sier, *"Fader, tilgi dem; for de vet ikke hva de gjør."* Det er en slik barmhjertighet vi kan tilgi til og med de som ikke kan bli tilgitt i det hele tatt.

I Apostlenes Gjerninger kan vi se at Steven også fikk frukten fra barmhjertigheten. Han var ikke en apostel, men han var fylt av nåde og makt ifra Gud. Store tegn og under fant sted gjennom ham. De som ikke likte dette prøvde å krangle med ham, men når han svarte med Guds visdom gjennom den Hellige Ånd, klarte de ikke å svare tilbake. Det sies at mennesker så hans ansikt, og at det var akkurat som en engel (Apostlenes Gjerninger 6:15).

Jødene hadde dårlige samvittighet når de hørte på Stevens preken, og de tok ham til slutt på utsiden av byen og steinet ham. Selv da han lå for døden, ba han for de som kastet steiner på ham og sa, *"Herre, hold ikke denne synden mot dem!"* (Apostlenes Gjerninger 7:60). Dette viser oss at han allerede hadde tilgitt dem. Han hatet dem ikke, men hadde bare frukten fra barmhjertigheten ved å ha medlidenhet med dem. Steven kunne åpenbare slike store arbeider fordi han hadde et veldig stort hjerte.

Så hvor godt har du kultivert et slikt hjerte? Finnes det fremdeles noen som du ikke liker eller noen som du ikke kommer godt over ens med? Du burde kunne akseptere og omfavne andre selv om deres egenskap eller mening ikke stemmer over ens med din egen. Du burde først se ting fra denne personens synspunkt. Så kan du endre dine avskyende følelser overfor denne personen.

Hvis du bare tenker, 'Hvorfor i all verden gjør han dette? Jeg kan bare ikke forstå ham,' da vil du bare ha onde tanker og du vil føle deg ukomfortabel når du ser ham. Men hvis du tenker, 'I hans stilling kan han oppføre seg slik,' da kan du endre dine motvillige følelser imot ham. Nå vil du heller ha barmhjertighet med denne personen som ikke kan hjelpe for det han gjør, og du vil be for ham.

I det du endrer dine tanker og følelser på denne måten, kan du bli kvitt hatet og andre følelser en etter en. Hvis du holder på de følelsene bare for å være sta, da vil du ikke kunne akseptere andre. Du kan verken bli kvitt hatet eller dine harde følelser. Du burde kaste bort din selvgodhet og endre dine tanker slik at du kan akseptere og tjene alle slags personer.

## Gi andre æren

For å kunne bære frukten fra barmhjertigheten, burde vi andre æren når noe blir gjort riktig, og vi burde akseptere skylden når noe går galt. Når den andre personen mottar all æren og blir lovprist mer selv om dere hadde arbeidet sammen, kan du fremdeles juble sammen med ham som om det var din egen lykke. Du vil ikke føle deg ukomfortabel og tenke at du gjorde mer arbeide og at denne personen blir æret selv om han har mange feil. Du vil bare være takknemlig og tenke at han nå har mer selvtillit og vil arbeide hardere etter at andre roset ham.

Hvis moren gjør noe for barnet hennes, og bare barnet mottar ros, hvordan ville moren føle seg? Det burde ikke være noen mødre som klager og sier at hun hjalp sitt barn med et arbeide men hun fikk ikke noe ros for det. Det er også godt for en mor å høre fra andre at hun er vakker, men hun vil være lykkeligere hvis mennesker sier at hennes datter er vakker.

Hvis vi har frukten med barmhjertighet, da kan vi sette hvem som helst før oss og gi dem fortjenesten. Og vi vil juble sammen med ham som om det var oss selv som ble æret. Barmhjertighet er en egenskap fra Gud Faderen, Han som er full av medlidenhet og kjærlighet. Det er ikke bare medlidenhet, men hver av fruktene fra den Hellige Ånd er også hjertet til den perfekte Gud. Kjærlighet, lykke, fred, tålmodighet, og alle andre frukter er de forskjellige delene til Guds hjerte.

Å bære frukten fra den Hellige Ånd betyr at vi må streve for å få det samme hjertet som Gud har og bli like perfekte som Gud. Jo mer moden den åndelige frukten blir inne i deg, jo mer elskverdig vil du bli, og Gud vil ikke kunne elske deg godt nok. Han vil juble når du sier at du er Hans sønn eller datter som ligner Ham veldig mye. Hvis du blir Guds barn som tilfredsstiller Ham, da kan du motta alt det du spør etter i bønn, og Gud vil til og med kjenne til og svare på de tingene som du bare oppbevarer i ditt hjerte. Jeg håper at dere alle vil bære frukten fullstendig ifra den Hellige Ånd og tilfredsstille Gud i alle ting, slik at du vil ha en overflod av velsignelser og nyte stor ære i himmelens kongerike som barn som likner helt på Gud.

*Overfor Slike Ting Finnes Det Ingen Lov*

Filipperne 2:5

*"Behold denne innstillingen som også var Jesus Kristus innstilling."*

## 7. Kapittel

# Godhet

Godhetens frukt
Å søke etter godheten ifølge den Hellige Ånds ønsker
Velg godheten i alle ting akkurat som den gode samaritanen
Du skal ikke krangle eller skryte av deg selv
Du skal ikke brekke et skadet strå eller slukke en ulmende veke
Makten med å følge godheten gjennom sannheten

Godhet

En natt gikk en ung mann med skitne klær for å besøke et eldre par for å se om han kunne få leie et rom. Paret syntes synd på ham og leide ham rommet. Men denne mannen gikk ikke på arbeide, men satt bare hele dagen og drakk. I et slikt tilfelle ville de fleste mennesker sette ham på gaten fordi de ville tenke at han sikkert ikke ville kunne betale leien. Men dette eldre ekteparet ga ham mat en gang i blant og oppmuntret ham mens de forkynte evangeliet til ham. Han ble rørt på grunn av deres elskverdige handlinger, fordi de behandlet ham som om han var deres egen sønn. Han aksepterte til slutt Jesus Kristus og ble et nytt menneske.

## Godhetens frukt

Å elske dem som til og med har blitt forsømt eller blitt sosiale utstøtt helt til slutten uten å gi opp er godhet. Frukten fra godheten er ikke bare født i hjertet, men den er også avslørt i handling som var tilfelle med det eldre ekteparet.

Hvis vi har frukten ifra godheten, da vil vi gi Kristus aroma over alt. Mennesker rundt oss vil bli rørt når de ser våre gode gjerninger og at vi lovpriser Gud.

"Godhet" er kvaliteten med å være vennlig, omtenksom, snill, og ærlig. Men på en åndelig måte er det hjertet som søker etter godheten i den Hellige Ånd som er den selve sanne godheten. Hvis vi fullstendig bærer godhetens frukt, da vil vi ha Herrens hjerte som er ren og uten flekker.

Noen ganger vil til og med de som ikke har mottatt den Hellige Ånd følge godheten i livet deres til en viss grad. Verdslige mennesker vil skjelne på og dømme om noe som er godt eller ondt ifølge deres samvittighet. Ved mangel på samvittighet, vil verdslige mennesker tro at de er gode og rettferdige. Men hver persons samvittighet er forskjellig fra hverandre. For å kunne forstå godheten i frukten til Ånden, må vi først forstå menneskers samvittighet.

## Å søke etter godheten ifølge den Hellige Ånds ønsker

Noen som er nye i troen vil kanskje dømme gudstjenesten ifølge deres egen kunnskap og samvittighet, og si, "Den bemerkningen stemmer ikke med den vitenskapelige teorien." Men idet din tro utvikler seg og du lærer Guds Ord, vil de innse at deres dømmende standard ikke stemmer.

Samvittigheten er standarden hvor en skiller mellom godt og ondt, som er basert på ens naturs grunnlag. Ens natur har med hva slags livs energi en har blitt født med og hva slags omgivelser han ble oppdratt i. Barna som får den gode livs energien har en forholdsvis god natur. Mennesker som også har blitt oppbrakt i et godt miljø, som har sett og hørt mange gode ting, vil også ganske sannsynlig utvikle god samvittighet. Men hvis en på den annen side har blitt født med mange onde egenskaper fra hans foreldre og har kommet i kontakt med mange onde ting, da vil hans egenskap veldig sannsynlig bli ond.

Barn som blir lært å være ærlig vil for eksempel føle seg ille til mote når de lyver. Men barna som har blitt oppdratt blant løgnere vil bare føle det som helt naturlig når de forteller en løgn. De vil ikke engang tro at de lyver. Ved å tenke at det er OK å lyve, har deres samvittighet blitt flekket med ondskap så mye at de ikke engang har noen dårlig samvittighet.

Og selv om barn har blitt oppdratt av de samme foreldrene og i det samme miljøet, vil de akseptere ting på forskjellige måter. Noen barn vil bare adlyde foreldrene deres mens andre barn har en veldig sterk vilje og har en tendens til ikke å adlyde. Og selv om søsken har blitt oppdratt av de samme foreldrene, vil deres samvittighet også være annerledes.

Samvittigheten vil utvikle seg forskjellig ifølge de sosiale og de økonomiske verdiene hvor de vokste opp. Hvert samfunn har forskjellige verdier, og standarden for 50 år siden, 100 år siden, og den i dag er alle forskjellige. Når de før hadde hatt slaver, trodde de ikke at det var noe galt med å slå dem og tvinge dem til å arbeide. Og for omkring 30 år siden var det uakseptabelt for kvinner å vise kroppene deres på offentlige kringkastinger. Akkurat som vi tidligere nevnte, ble samvittigheten annerledes ifølge individet, stedet, og tiden. De som tror at de følger deres samvittighet følger bare det de tror er godt. Men en kan ikke si at de fullstendig oppfører seg i godheten.

Men vi som tror på Gud bruker den samme standarden til å skille mellom det gode og det onde. Vi har Guds Ord som vår standard. Denne standarden vil være den samme i dag, i morgen, og for alltid. Åndelig godhet er å ha denne sannheten som vår samvittighet og så følge den. Det er villigheten til å følge den Hellige Ånds ønsker og søke etter det gode. Men bare det å ha et ønske om å følge det gode, kan vi ikke si at vi ble født med frukten fra godheten. Vi kan bare si at vi bærer frukten når vårt ønske om å følge godheten blir demonstrert og satt inn i handling. Matteus 12:35 sier, *"Et godt menneske henter fram godt av sitt gode forråd."* Salomos Ordspråk 22:11 sier også, *"Han som elsker det rene hjerte og som har en velsignet tale, har kongen som sin venn."* Og som versene ovenfor sier, vil de som virkelig søker etter det gode naturligvis ha gode handlinger som en kan se utvendig. Samme hvor de går og samme hvem de møter, vil ve vise generøsitet og kjærlighet gjennom gode ord og gjerninger. Akkurat som en person som sprøytet parfyme vil gi en fin aroma, vil de med godhet gi Kristus aroma.

Noen mennesker lengter etter å kultivere et godt hjerte, så de vil følge den åndelige personen og vil gjerne være venner med dem. De nyter å høre og lære om sannheten. De vil lett bli rørt og gråte mye. Men de kan ikke kultivere et godt hjerte bare på grunn av at de lengter etter det. Hvis de hørte og lærte noe, må de kultivere det inne i hjertet sitt og så må de praktisere det. Hvis du for eksempel bare liker å være sammen med gode mennesker og vil unngå de som ikke er gode, er dette å virkelig lengte etter godheten?

Det finnes også ting som en kan lære fra de som ikke virkelig er gode. Selv om du ikke kan lære noe fra dem, kan du lære noe fra livet deres. Hvis noen lett blir sinte, da kan du lære at ved å ha et slikt temperament kan du ofte ende opp i krangler og uoverensstemmelser. Fra denne observasjonen vil du lære at du ikke burde ha et slikt sinne. Hvis du bare er sammen med de som er gode, da kan du ikke lære på grunn av din vane av det du ser eller hører. Det finnes alltid ting vi kan lære fra alle slags mennesker. Du tror kanskje at du lengter mye etter godheten, og vil lære og innse mange ting, men du burde sjekke deg selv og se om du mangler de egentlige gjerningene for å samle opp godheten.

## Velg godheten i alle ting akkurat som den gode samaritanen

Fra dette tidspunktet av, la oss kikke på ting mer detaljert om hva en åndelig godhet er, som er det å gå etter godhet gjennom sannheten og i den Hellige Ånd. Den åndelige godheten er et veldig stort begrep. Guds natur er selve godheten, og denne godheten ligger overalt i Bibelen. Men et vers hvor vi kan sanse den gode aromaen veldig godt er fra Filipperne 2:1-4:

> *Om det da er trøst i Kristus, oppmuntring i kjærligheten, fellesskap i Ånden, om det finnes medfølelse og barmhjertighet, så gjør nå min glede fullkommen: Ha samme sinnelag og samme kjærlighet, vær ett i sjel og sinn. Gjør ikke noe av selvhevdelse og tom ærgjerrighet, men vær ydmyk og sett de andre høyere enn dere selv. Tenk ikke bare på deres eget beste, men også på de andres.*

En person som har mottatt den åndelige godheten vil søke etter Herrens godhet, så han vil til og med støtte det arbeide som han ikke egentlig er enig med. En slik person er ydmyk og har ingen sans for forfengelighet for å bli anerkjent eller avslørt. Selv om andre ikke er så rike eller like intelligente som han, kan han fullstendig respektere dem, og han kan bli deres virkelige venn.

Selv om andre gjør det vanskelig for ham uten noen grunn, vil han bare akseptere det gjennom hans kjærlighet. Han tjener dem og ydmyker seg selv, slik at han kan ha fred med alle. Han ville ikke bare trofast fullføre hans forpliktelser, men han vil også ta vare på andre menneskers arbeide. I lukas 10 kapittel, finner vi sammenligningen med den Gode Samaritanen.

En mann ble ranet mens han reiste fra Jerusalem til Jeriko. Ranerne tok alt det han hadde og forlot ham halvt død. En prest kom forbi og så at han var like ved å dø, men denne presten bare fortsatte uten å stoppe. En levitt så ham også, men han dro også bare videre. Prester og levitter er de som kjenner til Guds Ord og som tjener Gud. De kjenner Loven bedre enn noen andre mennesker. De er også stolte av hvordan de tjener Gud.

Når de måtte følge Guds vilje viste de ikke gjerningene som de burde ha vist. De kunne selvfølgelig si at de hadde grunner for at de ikke hjalp ham. Men hvis de var gode, kunne de ikke bare ha ignorert en person som desperat trengte deres hjelp.

Senere kom det en samaritan og så denne mannen som hadde blitt ranet. Denne samaritanen syntes synd på ham og dekket over hans sår. Han bar ham på hans dyr og tok ham til et herberge og spurte oppsynsmannen om å ta vare på ham. Dagen etter ga han denne oppsynsmannen to denarii og lovte at han ville betale de ekstra utgiftene som oppsynsmannen ville få når han kom tilbake.

Hvis samaritanen hadde vært selvgod, ville han ikke hatt noen grunn til å gjøre det han gjorde. Han var også opptatt, og han kunne miste tid og penger hvis han ble involvert i en total fremmeds affære. Han kunne også bare ha gitt ham førstehjelp. Han hadde måttet spørre oppsynsmannen om å ta vare på ham og lovet ham at han ville betale de ekstra omkostningene.

Men siden han var god, kunne han ikke bare ignorere en døende person. Selv om han ville miste tid og penger, og selv om han var opptatt, kunne han ikke bare overse en person som trengte hans hjelp desperat. Når han ikke selv kunne hjelpe denne personen, spurte han en annen person til å hjelpe seg. Hvis han også hadde gått rett forbi ham på grunn av personlige grunner, ville denne samaritanen sikkert holdt denne tunge byrden i hans hjerte i fremtiden.

Han ville hele tiden ha spurt og klandret seg selv og tenkt, 'Jeg kurer på hva som skjedde med den mannen som var såret. Jeg burde ha reddet ham selv om jeg selv ville tape litt på det. Gud kikket på meg, så hvordan kunne jeg gjøre noe slikt? Åndelig godhet er å ikke kunne klare tanken på det hvis vi ikke velger den gode veien. Selv gjennom følelsen av at det er noen som prøver å bedra oss, velger vi godhet i alt det vi gjør.

## Du skal ikke krangle eller skryte av deg selv

Et annet vers som får oss til å føle den åndelige godheten gjennom Matteus 12:19-20. Vers 19 sier, *"Han skal ikke krangle, eller skrike ut; eller vil det være noen som vil høre Hans stemme i gatene."* Deretter sier vers 20, *"Et skadet strå vil Han ikke brekke, og en ulmende veke vil han ikke slukke, før Han seirer med rettferdigheten."*

Dette gjelder den åndelige godheten til Jesus. Under Hans prestetjeneste hadde ikke Jesus noen problemer eller uoverensstemmelser med noen. Han hadde adlydd Gud Ord siden barndommen, og under Hans offentlige prestetjeneste, gjorde Han bare gode ting, forkynte evangeliet fra himmelens kongerike og helbredet de syke. Og fremdeles prøvde de onde Ham med mange ord for å prøve å drepe Ham.

Hver eneste gang kjente Jesus godt til deres onde hensikter, men Han hatet dem ikke. Han lot dem bare innse Gud sannferdige vilje. Når de ikke innså det i det hele tatt, kranglet Han ikke med dem, men bare unngikk dem. Selv når Han ble avhørt før Hans korsfestelse, verken kranglet eller motsa Han dem.

Idet vi passerer stadiet som en begynner i vårt kristelige liv, vil vi lære Guds Ord til en viss grad. Vi vil ikke lett skrike ut eller gi et raserianfall bare på grunn av en uenighet med andre. Men krangling er ikke bare det å heve din stemme. Hvis vi har noen ukomfortable følelser på grunn av uoverensstemmelser, betyr dette at vi krangler. Vi sier at dette er krangling fordi freden i hjertet har blitt brutt.

Hvis det finnes krangling i hjertet, ligger løgnene inne i en selv. Det er ikke fordi at det er noen som gjør det vanskelig for oss. Det er ikke fordi de oppfører seg på en måte som ikke er riktig. Det er fordi vårt hjerte er altfor svakt til å kunne akseptere dem, og det er fordi vi har et rammeverk med tanker som setter oss på en kolliderende kurs med mange ting.

Et lite stykke mykt bomull ville ikke lage noen lyder når noe lander på den. Selv om vi rister et glass som inneholder rent og klart vann, vil dette vannet fremdeles bare være rent og klart. Det samme gjelder menneskenes hjerte. Hvis roen i sinnet vårt blir brutt og noen ukomfortable følelser kommer til syne i en viss situasjon, er dette fordi det fremdeles finnes ondskap i hjertet.

Det sies at Jesus ikke ropte ut, så hvorfor roper så andre mennesker ut? Det er fordi de vil avsløre seg selv og vise seg. De roper ut fordi de gjerne vil bli anerkjent og at andre mennesker skal tjene dem.

Jesus forkynte så mektige arbeider som det å vekke opp de døde og åpne øynene til de blinde. Men Han var fremdeles ydmykende. Og til og med når menneskene hånet Ham mens Han hang på korset, adlød Han bare Guds vilje helt til Han døde, for Han hadde ingen hensikt med å avsløre seg selv (Filipperne 2:5-8). Det ble også sagt at ingen kunne høre Hans stemme i gatene. Dette sier oss at Han oppførsel var perfekt. Han var perfekt gjennom Hans holdning, innstilling, og måten Han pratet på. Hans ekstreme godhet, ydmykhet, og åndelige kjærlighet som satt dypt inne i Hans hjerte ble avslørt utvendig.

Hvis vi mottar frukten fra den åndelige godheten, ville vi ikke få noen uoverensstemmelser med noen på samme måte som Herren ikke hadde noen uoverensstemmelser. Vi ville ikke prate om andres feil eller mangler. Vi ville ikke prøve å skryte av oss selv eller rope ut høyt blant andre mennesker. Selv om vi lider urimelig mye, må vi ikke klage.

## Du skal ikke brekke et skadet strå eller slukke en ulmende veke

Når vi vokser et tre eller en plante, vil vi vanligvis skjære av greiner og løv som ikke er friske. Og når veken bare gløder, vil lyset ikke være sterkt, og den vil bare gi røyk og lukt. Så mennesker vil bare slukke den. Men de som har den åndelige godheten vil ikke 'brekke et strå som er ødelagt eller slukke den glødende veken.' Hvis det finnes den minste sjanse for bedring, kan de ikke bare avslutte dette livet, og de vil prøve å åpne en vei for andre.

Her refererer 'det ødelagte strået' til de som er fylt med synder og ondskaper her i verden. Den glødende veken symboliserer de som har hjerter som er så flekkete med ondskap at det er like før lyset fra sjelen deres ebber ut. Det er lite sannsynlig at de som ligner de ødelagte stråene og den glødende veken vil akseptere Herren. Selv om de tror på Gud, vil deres gjerninger ikke være så forskjellige fra de verdslige menneskene. De vil til og med si ting som setter seg opp imot den Hellige Ånd og Gud. På Jesus tid var det mange som ikke trodde på Jesus. Og til om de så slike store og mektige undere, satte de seg fremdeles opp imot den Hellige Ånds arbeide. Men Jesus kikket på dem fremdeles med troen helt til slutten og åpnet muligheter for dem slik at de kunne bli frelst.

Det finnes mange mennesker i kirkene i dag som ligner ødelagte strå og glødende veke. De roper, 'Herre, Herre' med deres lepper, mens de fremdeles lever i synden. Noen av dem setter seg til og med opp imot Gud. Med deres svake tro, vil de snuble i fristelse og stoppe med å gå i kirken. Etter at en har gjort ting som kan bli sett på som onde i kirken, er de så flaue at de vil forlate kirken. Hvis vi er gode, burde vi først strekke ut våre hender til dem.

Noen mennesker vil gjerne bli elsket og anerkjent i kirken, men når dette ikke skjer, da vil deres ondskap komme til syne. De vil bli sjalue på de som er elsket av kirkemedlemmene og de som har kommet lenger åndelig, og vil prate dårlig om dem. De vil ikke samle deres hjerte for et spesielt arbeide hvis det er ikke dem som har startet det, og de vil prøve å finne feil med arbeidene.

Selv i disse tilfellene, vil de som har mottatt frukten fra den åndelige godheten akseptere disse menneskene som har vist deres ondskap. De prøver ikke å se forskjell på det som er rett eller galt, eller godt eller ondt og så vil de undertrykke dem. De vil smelte og røre ved deres hjerter ved å behandle dem med godhet og et sannferdig hjerte.

Noen mennesker vil spørre meg om å identifisere de menneskene som går i kirken med skjulte motiver. De sier at når de gjør det slik at kirkemedlemmene ikke vil bli bedratt og slike mennesker vil ikke komme til kirken i det hele tatt. Ja, det å avsløre deres identitet vil kanskje rense kirken, men hvor flaut ville dette ikke være for deres familiemedlemmer eller de som brakte dem til kriken? Hvis vi lokker ut kirkemedlemmer av forskjellige grunner, er det ikke mange mennesker som ville bli igjen i kirken. Det er en av kirkenes forpliktelser ¨endre selv de onde menneskene og lede dem til himmelens kongerike.

Det er selvfølgelig noen mennesker som fortsetter å vise mer og mer ondskap, og de vil falle inn mot døden selv om vi viser dem godhet. Men selv i disse tilfellene, vil vi ikke bare sette grenser for vår utholdenhet og forlate dem hvis de krysser denne grensen. Det er en åndelig godhet og prøve å tillate dem å søke etter det åndelige livet helt til slutten uten at de vil gi opp.

Hveten og klinten likner hverandre, men klinten er tom innvendig. Etter innhøstingen, vil bonden samle hveten inn i låven og brenne klinten. Eller han kan bruke den som gjødsel. Det finnes også hvete og klint i kirken. Utvendig vil det kanskje virke som om alle er troende, men det er hveten som adlyder Guds Ord mens klinten som følger ondskapen.

Men akkurat som bonden som venter til innhøstingen, vil Gud

vente helt til slutten på at de som er i likhet med klinten skal endre seg. Helt til den siste dagen, må vi gi alle sjanser for at alle skal bli frelst og se på alle med trofaste øyne, ved å kultivere den åndelige godheten inne i oss.

## Makten med å følge godheten gjennom sannheten

Du vil kanskje bli litt fortumlet over hvordan denne åndelige godheten blir skilt fra de andre åndelige karakterene. Hans handling i sammenligningen med den Gode Samaritanen, kan bli beskrevet som veldedig i sinnet og barmhjertig; og hvis vi ikke krangler eller opphøyer våre stemmer, da må vi ha det godt og bli ydmykende. Er så alle disse tingene inkludert i den åndelige godhetens egenskap?

Selvfølgelig vil kjærlighet, et veldedig hjerte, barmhjertighet, fred, og ydmykhet vil alle tilhøre godheten. Akkurat som vi nevnte tidligere, er godheten Guds egenskap og det er et veldig stort begrep. Men den merkede delen av åndelig godhet er ønske om å følge en slik godhet og styrken til å egentlig utføre den. Fokuseringen er ikke på barmhjertigheten med å ha synd på eller det å egentlig hjelpe dem. Fokuseringen ligger i godheten hvor samaritanen ikke bare kunne gå forbi siden han skulle være barmhjertig.

Det å ikke krangle eller rope ut er også en del av å være ydmykende. Men egenskapen med den åndelige godheten i disse tilfellene er at vi ikke kan bryte freden fordi vi følger den åndelige godheten. I stedet for å skrike ut og bli gjenkjent, burde vi være ydmyke fordi vi følger denne godheten.

Når vi er trofast, vil du være trofast ikke bare i en ting, men også i Guds husholdning hvis du har godhetens frukt. Hvis du svikter noen av dine forpliktelser, vil det kanskje være noen som lider på grunn av det. Guds kongerike vil kanskje ikke bli fullført som det burde. Så hvis du har godheten inne i deg, vil du ikke føle deg komfortabel med disse tingene. Du kan ikke bare forsømme dem, så du vil prøve å holde deg trofast i alle Guds hus. Du kan bruke dette prinsippet for alle andre åndelige egenskaper.

De som er onde vil være ukomfortable hvis de ikke gjør noe ondt. Til den grad hvor de har ondskap, vil de bare føle seg OK etter at de har gitt en viss mengde ondskap. For de som har til vane og prate mens andre prater, kan ikke styre seg selv hvis de ikke kan gripe inn når andre prater. Selv om de sårer andre eller gjør det vanskelig for dem, kan de bare ha fred med seg selv etter at de har gjort det de selv vil. Men hvis de husker på og prøver og prøver å kaste bort deres dårlige vaner og holdninger som ikke stemmer overens med Guds Ord, da vil de kunne kaste bort det fleste av dem. Men hvis de ikke prøver og bare gir opp, da vil de forbli de samme selv etter ti eller tjue år.

Men de gode menneskene er motsatt. Hvis de ikke følger godheten, vil de ha flere ukomfortable følelser enn hvis de selv tapte noe, og de vil hele tiden tenke på det. Så selv om de selv har lidd et tap, vil de ikke skade andre. Selv om de føler at det ikke er lett, vil de prøve å følge reglene.

Vi kan føle et slikt hjerte fra det Paulus sa. Under troen kunne vi spise kjøtt, men hvis den ville få andre til å snuble, ville han ikke spise noe kjøtt for resten av livet. På samme måte vil gode mennesker heller unngå å nyte det og bli lykkeligere hvis de gir det opp for andres skyld, hvis det de kan nyte vil føre til at andre føler seg ukomfortabel. De ville ikke gjøre noe som ville sjenere andre; og de kunne aldri gjøre noe som ville få den Hellige Ånden inne i dem til å grynte.

Og hvis du på samme måte følger godheten i alt, vil dette bety at du bærer frukten fra den åndelige godheten. Hvis du tar imot frukten fra den åndelige godheten, vil du ha den samme holdningen som Herren. Du vil ikke gjøre noe som selv kan få de minste til å snuble. Du vil også utvendig ha godhet og ydmykhet. Du vil respektfullt ha Herrens form, og din oppførsel og språk vil være perfekt. Du vil være vakker i alles øyne, og gi aromaen fra Kristus.

Matteus 5:15-16 sier, *"...det er heller ingen som vil tenne en lampe og sette den under en kurv, men heller på lampestaken, og så vil den gi lys til alle som er i huset. La ditt lys skinne for mennesker på en slik måte at de vil kunne se ditt gode arbeide, og lovprise din Fader som bor i himmelen."* 2. Korinterne 2:15 sier også, *"For vi er Kristi vellukt for Gud, blant dem som blir frelst, og blant dem som blir fortapt."* Jeg håper derfor at du vil gi ære til Gud i alle ting ved å bære godhetens åndelige frukt og utløse aromaen til Kristus i verden.

4. Mosebok 12:7-8

*"Han er trofast i alle Mine hus;*

*Jeg taler med ham ansikt til ansikt, klart og tydelig,*

*Ikke i gåter,*

*HERRENs skikkelse ser han."*

*Overfor Slike Ting Finnes Det Ingen Lov*

# 8. Kapittel

# Trofasthet

For at vår trofasthet skal bli anerkjent
Du må gjøre mer enn det som er forventet av deg
Vær trofast i sannheten
Arbeid ifølge herrens vilje
Vær trofast i alle Guds hus
Trofasthet for Guds kongerike og rettferdighet

Trofasthet

En mann skulle dra på en reise til et fremmed land. Mens han var borte måtte noen ta vare på hans eiendom, så hans tre tjenere fikk denne jobben. Ifølge deres evner ga han hver av dem et, to, eller tre talent. Tjeneren som mottok fem talent utførte handel for sin herre og fikk i tillegg fem talent. Tjeneren som hadde fått to talent fikk også to talent til. Men han med et talent bare begravde talentene i bakken og tjente derfor ikke noen fortjeneste.

Herren lovpriste tjeneren som hadde tjent de ekstra to eller fem talentene og belønnet dem, og sa *"Godt gjort, gode og trofaste slave"* (Matteus 25:21). Men han irettesatte tjeneren som bare begravde det ene talentet og sa, *"Du onde og late slave"* (v. 26).

Gud gir oss også mange forpliktelser ifølge våre talent, slik at vi kan arbeide for Ham. Bare når vi fullfører forpliktelsene med all vår makt og hjelper Guds kongerike, kan vi bli anerkjent som en 'god og trofast tjener.'

## For at vår trofasthet skal bli anerkjent

Ordbokens betydning med ordet 'trofasthet' er 'kvaliteten av å holde seg standhaftig gjennom ømhet eller troskap, eller standhaftig ved å holde seg til løftene eller når en observerer forpliktelsen.' Selv her i verden vil de trofaste menneskene bli høyt vurdert fordi de er til å stole på.

Men trofastheten som blir anerkjent av Gud er annerledes enn den fra de verdslige menneskene. Bare det å fullføre vår forpliktelse gjennom handling kan ikke være en åndelig trofasthet. Og hvis vi putter all vår anstrengelse og til og med livene våre på et spesielt område, vil ikke dette være en fullstendig trofasthet. Hvis vi fullfører vår forpliktelse som en kone, en mor, eller en ektemann, kan dette bli kaldt trofasthet? Det betyr bare at vi gjorde det vi måtte gjøre. De som er åndelig trofaste er skatter i Guds kongerike og di utgir en søt aroma. De utgir en aroma fra et endrende hjerte, aromaen fra en standhaftig lydighet. En vil kanskje kunne sammenligne det med en god arbeidende okse og aromaen fra et tillitsfullt hjerte. Hvis vi kan utgi slike aromaer, da vil også Herren si at vi er elskverdige og at Han vil omfavne oss. Dette var tilfelle med Moses.

Israelerne hadde vært slaver i Egypt i mer enn 400 år, og Moses hadde forpliktelsen med å lede dem til landet Kanaan. Han var elsket så høyt av Gud, at Gud snakket ansikt til ansikt med him. Han var trofast i alle Guds hushold og fullførte alt det Gud ba ham å gjøre. Han kikket ikke engang på alle problemene som han kanskje ville møte. Han var mye mer trofast på alle områder med å fullføre forpliktelsen som Israels leder og også det å være en veldig trofast overfor hans familie.

En dag kom Moses svigerfar, Jetro, til ham. Moses pratet med ham om alle de utrolige tingene som Gud hadde gjort for israelerne. Dagen etter så Jetro noe rart. Menneskene stilte seg opp fra tidlig på morgenen for å se Moses. De tok med seg til Moses uoverensstemmelsene som de ikke selv kunne dømme. Jetro hadde nå et forslag.

2. Mosebok 18:21-22 sier, *"Velg deg ut dyktige menn av hele folket, menn som frykter Gud, er pålitelige og hater urett vinning! Sett dem til førere på folket, noen for tusen, noen for*

*hundre, noen for femti og noen for ti. De skal skifte rett med folk til enhver tid. Hver stor sak skal de komme til deg med, men hver liten sak skal de avgjøre selv. Slik skal du lette byrden for deg og la dem bære den sammen med deg."*

Moses hørte på det han sa. Han innså at hans svigerfar hadde rett og aksepterte hans anbefaling. Moses valgte dyktige menn som hatet løgnaktig gevinst og satte dem som ledere overfor tusen, hundre, femti, og ti mennesker. De opptrådde som dommere overfor mennesker i rutine og simple saker og Moses dømte bare de store uoverensstemmelsene.

En kan bære frukten fra trofastheten når han fullfører alle hans forpliktelser med et godt hjerte. Moses var trofast overfor hans familie medlemmer og han tjente også folkene. Han brukte all hans tid og anstrengelse, og på grunn av dette ble han sett på som en som var trofast i alle Guds hus. 4. Mosebok 12:7-8 sier, *"Men annerledes er det med min tjener Moses; Han er trofast i hele mitt hus. Jeg taler med ham ansikt til ansikt, klart og tydelig, ikke i gåter; HERRENs skikkelse ser han."*

Hva slags person er en som har født frukten med trofasthet som blir anerkjent av Gud?

## Du må gjøre mer enn det som er forventet av deg

Når arbeidere blir betalt for deres arbeide, kan vi ikke si at de er trofaste når de bare fullfører deres forpliktelser. Vi kan si at de gjorde deres arbeide, men de gjorde bare det de hadde blitt betalt for, så vi kan ikke si at de er trofaste. Men til og med blant de betalte arbeiderne, finnes det noen som gjør mer enn det de blir betalt for. De gjør det ikke med motvilje eller bare tenker på at de må gjøre minste det de blir betalt for. De fullfører deres forpliktelse med hele deres hjerte, sjel, og tanker, uten å spare på noe som helst tid og penger, og deres ønske om å gjøre det kommer ifra hjertet deres.

Noen av de fulltids arbeiderne gjør mer enn det som de selv har får. De arbeider etter arbeidstiden eller på helligdager, og når de ikke arbeider, tenker de alltid på deres forpliktelse overfor Gud. De vil alltid tenke på måter hvor de kan gjøre ting bedre for å tjene kirken og medlemmene ved å gjøre mer enn selve arbeidet som de har fått. Det vil si at de tar til seg forpliktelser som gruppeledere for å ta vare på sjelene. Det er på denne måten det er trofast å gjøre mye mer enn det som har blitt betrodd oss.

Ved å ta ansvaret, vil de som bærer frukten fra trofastheten gjøre mer enn det som egentlig er deres ansvar. I Moses tilfelle, ga han for eksempel sitt liv for å redde israelerne som hadde syndet. Vi kan se dette fra hans bønner som ble funnet i 2. Moseboken 32:31-32, som sier, *"Dette folkeslaget har begått mange synder, og de har også laget en gud ut av gull for seg selv. Å, om Du ville tilgi dem deres synd! Kan Du ikke, så stryk meg ut av boken som Du skriver i!"*

Når Moses fullførte hans forpliktelse, adlød han ikke bare gjennom handling for å gjøre det som Gud hadde bedt ham om. Han tenkte ikke, 'Jeg gjorde mitt beste med å gi dem Guds vilje, men de aksepterte det ikke. Jeg kan ikke hjelpe dem mer.' Han hadde Guds hjerte og førte menneskene med all hans kjærlighet og anstrengelse. Det er derfor han følte det som om det var hans egen feil når menneskene syndet, og han ville ta ansvaret for det.

Det samme gjaldt apostelen Paulus. Romerne 9:3 sier, *"For jeg ønsker at jeg selv var fordømt, skilt ifra Kristus for mine brødres skyld, mine landsmenn på grunn av det kjødelige,"* Men selv om vi hører og godt kjenner til Paulus og Moses trofasthet, vil det ikke nødvendigvis bety at vi har kultivert trofastheten.

Selv de som er troende og fullfører deres forpliktelser ville ha noe annerledes å si enn det Moses sa hvis de hadde befunnet seg i den samme situasjonen som ham. De ville nemlig ha sagt at, "Gud, jeg gjorde mitt beste. Jeg synes synd på menneskene, men jeg har også lidd mye mens jeg ledet disse menneskene." Det de virkelig sier er "Jeg trygg fordi jeg gjorde alt det som var forventet av meg." Eller de vil kanskje engste seg over at de vil bli irettesatt sammen med andre for menneskenes synder, selv om de selv ikke var ansvarlige for dem. Hjertene til slike mennesker ligger ganske langt vekk ifra trofastheten.

Det er selvfølgelig alle som kan be, "Vær så snill og tilgi syndene deres eller visk meg fullstendig ut av livets bok." Dette betyr bare at hvis vi bærer frukten fra trofastheten i vårt hjerte, da kan vi ikke bare si at vi er ansvarlige for tingene som gikk galt. Før vi tenker på at vi gjorde vårt beste i våre handlinger, ville vi først tenke på hva slags hjerte vi hadde når våre forpliktelser ble gitt til oss den første gangen.

Vi vil også først tenke på kjærligheten og barmhjertigheten til Gud for sjelene og at Gud ikke vil at de skal bli ødelagt selv om Hans sier at Han vil straffe dem for deres synder. Så hva slags bønner burde vi ofre til Gud? Vi ville sikkert si fra innerst inne i vårt hjerte, "Gud, det er min feil. Det var jeg som ikke ledet dem godt nok. Gi dem en sjanse til på mitt vegne."

Det samme gjelder også alle de andre måtene. De som er trofaste vil ikke bare si, "Jeg har gjort nok," men de vil så arbeide hardere enn noensinne helt fra innerst inne i hjertene deres. I 2. Korinterne 12:15 sier Paulus, *"Jeg vil med glede gi dere alt og bli brukt for deres sjeler. Hvis jeg elsker dere mer, burde jeg så bli elsket mindre?"*

Paulus var nemlig ikke tvunget til å ta vare på sjelene og han gjorde det heller ikke overfladisk. Han la mye glede i det å fullføre hans forpliktelser og det er derfor han sa at han ville bli brukt for andres sjeler.

Han ofret seg selv om og om igjen gjennom en fullstendig hengivenhet overfor andre sjeler. Akkurat som i Paulus tilfelle, er det en sann trofasthet hvis vi kan fullføre vår forpliktelse med lykke og kjærlighet.

## Vær trofast i sannheten

Tenk deg at noen ble medlem av et gjeng og ga sitt liv til sjefen i gjengen. Vil Gud si at han er trofast? Selvfølgelig ikke! Gud kan bare anerkjenne vår trofasthet når vi er trofaste gjennom godheten og sannheten.

Idet de kristne lever et flittig liv i roen, vil de helt sikkert få mange forpliktelser. I noen tilfeller vil de først prøve å fullføre deres forpliktelser ivrige, men så vil de g opp på et visst tidspunkt. Tankene deres kan bli tatt vekk på grunn av handels utvidelsen som de planlegger. De vil kanskje miste deres iver etter deres forpliktelser på grunn av vanskeligheter som oppstår i livet eller på grunn av at de prøver å unngå fordømmelse ifra andre. Hvorfor ville tankene deres endre seg på denne måten? Det er fordi de unngikk den åndelige trofastheten mens de arbeidet for Guds kongerike.

Åndelig trofasthet er å omskjære vårt hjerte. Det er å hele tiden vaske kappen i vårt hjerte. Det er å kaste bort alle slags synder, løgner, ondskap, urettferdighet, ulovligheter, og mørket og bli hellige. Apostlenes Gjerninger 2:10 sier, *"Vær trofast helt til døden, og jeg vil gi deg livets krone."* Å her være trofast helt til døden betyr ikke bare at vi må arbeide hardt og trofast helt til vår fysiske død. Det betyr også at vi fullstendig må prøve å fullføre Guds Ord i Bibelen gjennom hele vårt liv.

For å kunne fullføre en åndelig trofasthet, må vi først kjempe imot syndene helt til den grad hvor vi blør og holder Guds befalinger. Den høyeste prioriteten er å kaste bort ondskapen, synden, og løgnene som Gud hater så mye. Hvis vi bare arbeider hardt fysisk uten å omskjære vårt hjerte, kan vi ikke si at dette er en åndelig trofasthet. Akkurat som Paulus sa "Jeg døde daglig," må vi drepe det dødelige fullstendig og bli frelst. Dette er en åndelig trofasthet.

Det som Gud faderen ønsker av oss er det mest hellige. Vi må innse dette poenget og gjøre prøve hardt å omskjære vårt hjerte. Dette betyr selvfølgelig ikke at vi ikke kan ta til oss noen forpliktelser før vi blir fullstendig frelst. Det betyr at vi må fullføre hellighet mens vi fullfører alle våre forpliktelser akkurat nå.

De som hele tiden omskjærer hjertene deres vil ikke ha endrende holdninger i deres trofasthet. De vil ikke oppgi deres dyrebare forpliktelse fordi de har det vanskelig i deres hverdag eller har sørgende hjerte. Forpliktelser som Gud har gitt er et løfte mellom Gud og oss, og vi må aldri bryte vårt løfte med Gud samme hvor vanskelig vi har det.

Hva vil skje på den annen side hvis vi ikke omskjærer vårt hjerte? Vi vil ikke kunne holde vårt hjerte rent når vi møter vanskeligheter og motgang. Vi vil kanskje forlate det forholdet til tillit som vi hadde med Gud og gi opp vår forpliktelse. Og hvis vi så får tilbake Guds nåde, vil vi arbeide hardt igjen for et stykke tid, og dette vil fortsette om og om igjen. Arbeidere som har svingninger som dette kan ikke bli sett på som trofaste, selv om de gjør godt arbeide.

For å kunne ha den trofastheten som kan bli anerkjent av Gud, må vi også ha den åndelige trofastheten, som betyr at vi må omskjære vårt hjerte. Men det å selve omskjære vårt hjerte blir ikke vår belønning. Å omskjære hjerte er noe en må gjøre for å være Guds reddede barn. Men hvis vi kaster vekk syndene og fullfører våre forpliktelser med et renset hjerte, da kan vi ta imot mye mer frukt enn når vi fullfører dem med kjødelige tanker. Vi vil derfor motta mye større belønninger.

Hva hvis du svetter mens du arbeider frivillig i kirken hele søndagen. Men du kranglet med mange andre mennesker og du brøt også freden med mange mennesker. Hvis du tjener kirken ved å klage og være irritert, da vil veldig mye av din belønning bli tatt fra deg. Men hvis du tjener kirken gjennom godhet og kjærlighet og holder fred med andre, da vil alt ditt arbeide bli en aroma som Gud vil akseptere, og alle dine gjerninger vil bli dine belønninger.

# Arbeid ifølge herrens vilje

I kirken må vi arbeide ifølge Guds vilje og hjerte. Vi må også være trofaste og adlyde våre ledere ifølge ordren i kirken. Salomos Ordspråk 25:13 sier, *"Akkurat som den kalde snøen ved innhøstnings tiden er et trofast budskap til de som sender ham, for han vil friskne opp hans herres sjel."*

Selv om vi er veldig ivrige i våre forpliktelser, kan vi ikke slukke vår herres ønsker hvis vi bare gjør det vi selv vil. La oss for eksempel si at din sjef på ditt arbeide ber deg om å være igjen på kontoret fordi en veldig viktig kunde skal komme. Men du har noe annet kontor arbeide, så du tar deg av det istedenfor, men dette vil ta hele dagen. Selv om du gjør noe annet kontor arbeide, vil du i din sjefs øyne ikke bli sett på som trofast.

Grunnen til at vi ikke adlyder herrens vilje er enten fordi vi følger våre egne ideer eller fordi vi har selvgode motiver. Det kan virke som om en slik person tjener hans herre, men han gjør det egentlig ikke med trofasthet. Han bare følger hans egne tanker og ønsker, og han har vist at han kan forlate hans herres vilje til enhver tid.

I Bibelen leser vi om en person ved navnet Joab, som var en slektning av generalen for Davids hær. Joab var sammen med David gjennom alle vanskelighetene mens David ble jaget av kong Saulus. Han var smart og tapper. Han tok seg av tingene som David gjerne ville ha gjort. Når han angrep ammonittene og tok buen deres, ble det nesten til at han erobret den, men han lot David komme og selv ta den. Han tok ikke selve æren av erobringen av byen, men lot David få den.

Han tjente David veldig godt på denne måten, men David var ikke veldig komfortabel med ham. Dette var fordi han ikke adlød David hvis det hadde personlige gagn for ham selv. Joab nølte ikke med å handle på egen hånd overfor David når han gjerne ville oppnå hans eget mål.

General Abner som var Davids fiende, kom for eksempel til David og overga seg til ham. David tok ham imot og sendte ham tilbake. Dette var fordi David kunne stabilisere folkene lettere og hurtigere ved å akseptere ham. Men når Joab fant dette ut senere, fulgte han etter Abner og drepte ham. Dette var fordi Abner hadde drept Joab i en tidligere kamp. Han visste at David ville være i en vanskelig situasjon hvis han drepte Abner, men han fulgte bare hans egne følelser.

Og når Davids sønn Absalom ga opprør imot David, spurte David soldatene som skulle dra ut for å slåss med Absaloms menn om å behandle hans sønn godt. Men selv om Joab hørte denne ordren, drepte han fremdeles Absalom. Kanskje dette var fordi han kunne ha gjort mer opprør senere, hvis han lot ham leve, men Joab adlød til slutt ikke kongens ordre, men heller gjorde det han selv ville.

Selv om han hadde gått gjennom mange problemer med kongen, adlød han ikke kongen når det virkelig var viktig, så David kunne derfor ikke stole på ham. Til slutt satte han seg opp imot kong Salomon, Davids sønn, og ble så drept. Også på dette øyeblikket ville han gjerne ansette den personen som han selv syntes skulle være konge istedenfor å adlyde Davids vilje. Han arbeidet for David hele hans liv, men istedenfor å bli en verdig tjener, endte hans liv som en opprører.

Når vi gjør Guds arbeide, er det viktigere å følge Guds vilje enn hvor ambisiøst vi gjør vårt arbeide. Det har ingen hensikt å være trofast hvis vi setter oss opp imot Guds vilje. Når vi arbeider i kirken, burde vi også følge våre ledere før vi følger våre egne ideer. På denne måten kan ikke fiende djevelen og Satan anklage oss og vi vil kunne lovprise Gud helt til slutten.

## Vær trofast i alle Guds hus

'Å være trofaste i alle Guds hus' betyr å være trofaste på alle måter som har med oss selv å gjøre. I kirken må vi fullføre alle våre ansvar selv når vi har mange forpliktelser. Selv om vi ikke har en spesiell forpliktelse i kirken, er det å være til stede en av våre forpliktelser hvor vi burde være til stede som et medlem.

Ikke bare i kirken, men i steder som skole eller arbeide, har alle mennesker noen forpliktelser. På alle disse måtene må vi som medlemmer fullføre våre forpliktelser. For å være trofaste i alle Guds hus må vi fullføre alle våre forpliktelser på alle måter i livene våre: som Guds barn, som ledere eller medlemmer i kirken, som medlemmer i familien, som ansatte i firmaet, eller som studenter eller lærere i skolen. Vi burde ikke bare være trofaste med en eller to av våre forpliktelser og forsømme andre forpliktelser. Vi må holde oss trofaste på alle områder.

En vil kanskje tenke, 'Jeg har bare en kropp, så hvordan kan jeg være trofast på alle områder?' Men i den grad vi endrer oss gjennom ånden, er det ikke vanskelig å være trofast i alle Guds hus. Selv om vi investerer bare litt tid, kan vi med sikkerhet høste inn frukter hvis vi sår gjennom ånden.

Og de som også har blitt åndelig sannferdige vil ikke følge

deres egne gagn og bekvemmelighet, men vil tenke på andres gagn. De ser først på ting ifra andres synspunkter. Slike mennesker vil ta vare på alle deres forpliktelser selv om de må ofre seg selv. Også til den grad hvor vi holder oss til et visst åndelig nivå, vil vårt hjerte bli fylt med godhet. Og hvis vi er gode vil vi ikke lene oss bare til en viss side. Så selv om vi har mange forpliktelser, vil vi ikke forsømme noen av våre forpliktelser.

Vi vil gjøre vårt beste med å ta vare på alt omkring oss, og prøve å ta vare på andre litt mer. Da vil menneskene rundt oss føle sannferdigheten ifra vårt hjerte. De vil derfor ikke bli skuffet fordi vi ikke kan være sammen med dem hele tiden, men de vil heller være takknemlige for at vi tar vare på dem.

En person som for eksempel har to forpliktelser. Hun er en leder i en av gruppene, men hun er bare et medlem i den andre. Hvis hun her er god og hvis hun bærer på frukten fra trofastheten, vil hun ikke forsømme noen av dem. Hun vil ikke bare si, "medlemmene i den andre gruppen vil forstå når jeg ikke er sammen med dem siden jeg er lederen for den andre gruppen." Hvis hun ikke fysisk kan være til stede hos den siste gruppen, vil hun prøve å hjelpe denne gruppen på andre måter og gjennom hjertet. Vi kan på samme måte være trofaste i alle Guds hus og holde fred med alle til den grad vi har godhet.

## Trofasthet for Guds kongerike og rettferdighet

Josef ble solgt som slave til huset Potifar, den kongelige livvaktens kaptein. Og Josef var så trofast og tillitsfull at Potifar forlot alt arbeide i huset til denne unge slaven og brydde seg ikke om hva han gjorde. Dette var fordi Josef tok vare på hver eneste lille ting på beste måte, og siden han hadde et hjerte i likhet med hans herre.

Guds kongerike trenger også mange trofaste arbeidere som Josef på mange områder. Hvis du har en viss forpliktelse, og du fullfører den så trofast at din leder ikke behøver å følge med det du gjør i det hele tatt, hvor sterk vil du ikke bli for Guds kongerike!

Lukas 16:10 sier, *"Han som er trofast bare litt er også trofast i mye; og han som er bare litt urettferdig vil også være urettferdig på mange steder."* Selv om han arbeidet for en fysisk herre, arbeidet Josef veldig trofast gjennom hans tro på Gud. Gud tok det ikke som meningsløst, men gjorde han istedenfor til en statsminister for Egypt.

Jeg har aldri tatt Guds arbeide lett. Jeg har alltid ofret nattlige bønner selv før kirken åpnet, og etter at kirken åpnet ba jeg personlig fra midnatt og helt til 4 på morgenen, og også ledet soloppgangens bønne møte klokken 5:00. På denne tiden hadde vi ikke Daniels bønne møter som vi har i dag, og som begynner klokken 21:00. Vi hadde ingen andre prester eller gruppe ledere, så jeg måtte lede alle soloppgangs bønnene selv. Men jeg forsømte aldri en eneste dag.

Jeg måtte også forberede gudstjenestene for søndagen, onsdagen, og fredagens nattlige gudstjeneste, mens jeg fulgte det teologiske seminaret. Jeg dyttet aldri mine forpliktelser på andre bare på grunn av at jeg var trett. Etter at jeg kom tilbake fra seminaret, tok jeg vare på syke mennesker eller besøkte medlemmer. Det var så mange syke mennesker som kom fra hele landet. Jeg gjorde alt det jeg kunne hver gang jeg besøkte et kirkemedlem for å åndelig være til tjeneste for dem.

På den tiden måtte studentene ta en buss med to eller tre stopp for å komme til kirken. Nå har vi busser i kirkene, men før i tiden hadde vi ikke det. Så jeg ville gjerne at studentene skulle komme til kiren uten å tenke på buss billetten. Jeg fulgte studentene til bussen etter gudstjenesten og ga dem token eller billetter når de dro. Jeg ga dem nok buss token slik at de hadde nok til å også komme til kirken neste gang. Ofrings beløpet for kirken var bare flere tusen kroner, og det kunne derfor ikke bli tatt ifra kirken. Jeg ga dem buss billettene fra min egen sparegris.

Når en ny person ble registrert, så jeg på hver og en av dem som en verdifull skatt, så jeg ba for dem og tjente dem med kjærlighet for ikke å tape noen av dem. På grunn av dette var det ingen av folkene som hadde registrert seg som forlot kirken. Og naturligvis vokste bare kirken. Nå som kirken har så mange medlemmer, vil det så bety at min trofasthet har kjølnet ned? Selvfølgelig ikke! Min iver for sjelene har aldri kjølnet ned i det hele tatt.

Vi har nå mer enn 10,000 søster kirker over hele verden, og også mangfoldige prester, de eldre, eldre diakonisser, og distrikts ledere, små distrikts ledere, og gruppe ledere. Og mine bønner og kjærlighet for sjelene har bare vokst mer iherdig.

Har din trofasthet overfor Gud kanskje blitt litt nedkjølt? Er det noen av dere som før hadde den Guds gitte forpliktelsen, men som ikke lenger har noen forpliktelser? Hvis du har den samme forpliktelsen nå som du hadde tidligere, har ikke så din iver for forpliktelsen gått ned? Hvis vi har en virkelig tro, da vil vår trofasthet bare øke idet vi modner i vår tro, og vi er trofaste på Herren for å kunne fullføre Guds kongerike og for å redde mangfoldige sjeler. Så vi vil motta massevis av kostbare belønninger senere i Himmelen!

Hvis Gud gjerne ville ha trofasthet bare gjennom gjerninger, hadde Han ikke måttet skape menneskene, fordi det finnes mangfoldige himmelske verter som adlyder veldig godt. Men Gud ville ikke ha de som adlød ubetinget, i likhet med roboter. Han ville heller ha barn som ville være trofaste gjennom deres kjærlighet overfor Gud helt inne fra hjertet.

Salmenes Bok 101:6 sier, *"Mine øyne skal kikke på de trofaste i landet, om at de kan leve med meg; han som spaserer den uklanderlige veien og som er den som vil forkynne seg til meg."* De som kaster bort all form for ondskap og som blir trofaste i alle Guds hus vil motta velsignelsen til å komme inn til det Nye Jerusalem, det som er det vakreste oppholdsstedet i Himmelen. Jeg håper derfor at dere vil arbeidere som er akkurat som søyler for Guds kongerike og nyte æren ved å holde dere nære Guds trone.

*Overfor Slike Ting Finnes Det Ingen Lov*

Matteus 11:29

*"Ta mitt åk på dere og lær av Meg,*

*for Jeg er mild og ydmyk av hjertet,*

*og dere skal finne hvile for sjelen."*

# 9. Kapittel

# Forsiktighet

Ydmykhet for å kunne akseptere mange mennesker
Åndelig ydmykhet sammen med generøsitet
Egenskaper til de som har født frukten fra ydmykheten
Å bære frukten fra ydmykheten
Å dyrke en god jord
Velsignelser for de ydmyke

Forsiktighet

Utrolig nok er det mange mennesker som engster seg over hissighet, depresjoner, eller om deres egen egenskaper som er forferdelig innadvendt eller altfor utadvendt. Noen mennesker sier bare at det har med deres personlighet å gjøre når ting ikke går som de gjerne vil, og sier, "Jeg kan ikke hjelpe for det, det er på grunn av min personlighet." Men Gud skapte menn, og det er ikke vanskelig for Gud å endre deres personlighet med Hans makt.

Moses hadde før drept en mann på grunn av hans onde temperament, men han ble forandret til en slik grad på grunn av Guds makt at han ble anerkjent av Gud som den mest ydmykende og blyge personen på denne jorden. Apostelen Paulus hadde kallenavnet, 'tordnetes sønn', men han ble forandret av Guds makt og ble anerkjent som 'den gode apostelen.'

Hvis de kan kaste bort ondskapen og pløye deres hjertes åker, kan til og med de som har et ondt temperament, de som skryter, og de som er selvgode bli endret og kultivere deres ydmyke egenskap.

## Ydmykhet for å kunne akseptere mange mennesker

I ordboken er ydmykhet en kvalitet eller måte å være ydmyk på, vennlig, følsom eller forsiktig. De som er sjenerte eller har 'sjenerte og ikke sosiale' egenskaper, eller de som ikke kan uttrykke seg selv godt, vil kanskje virke som om de er vennlige. De som er naive eller de som ikke blir sinte i det hele tatt på grunn av et lavt intellektuelt nivå vil kanskje virke som om de er vennlige i de verdslige menneskenes øyne.

Men åndelig ydmykhet er ikke det simpelthen være vennlige og forsiktige. Det er å ha visdom og muligheten til å skille mellom det som er riktig og det som er galt, og at en samtidig kan forstå og akseptere alle fordi det ikke finnes noen ondskap i dem. Åndelig ydmykhet er derfor å være generøs og samtidig ha en mild og myk egenskap. Hvis du har denne rettskafne generøsiteten, vil du ikke bare være vennlig hele tiden, men du vil også til tider ha en sterk verdighet.

Hjertet til en ydmyk person er like mykt som bomull. Hvis du kaster en stein eller stikker i den med en nål, da vil bomullen bare omfavne den og dekke over gjenstanden. Og det er på samme måte med de som er ydmyke åndelig. De vil ikke har dårlige følelser samme hvordan andre mennesker behandler dem. De vil nemlig ikke bli sinte eller bli ukomfortable, og de vil heller ikke få andre til å føle seg ukomfortable.

De vil ikke dømme eller fordømme, men vil være forståelige og bli aksepterende. Mennesker vil føle seg komfortable rundt slike mennesker, og det er mange som kan komme og finne hvile hos slike mennesker. Det er bare et stort tre med mange greiner som fuglene kan komme til, neste i og hvile seg på greinene.

Moses er en av menneskene som ble anerkjent av Gud for hans ydmykhet. 4. Mosebok 12:3 sier, *"Mannen Moses var veldig ydmyk, mer enn noe annet menneske her på jorden."* Under Eksodus tiden var det mer enn 600.000 voksne israelske menn. Hvis vi inkluderer både kvinner og barn ville det vært mer enn to millioner. Det å lede en slik mektig flokk ville i seg selv være en forferdelig vanskelig oppgave for en vanlig person.

Spesielt for de som hadde veldig harde hjerter på grunn av

deres tidligere liv som slaver i Egypt. Hvis du har blitt slått regelmessig, hørt på vulgært og skittent språk, og gjøre det harde arbeidet til slavene, da ville også ditt hjerte blitt tøft og hardt etter hvert. I denne omstendigheten er det ikke lett å inngravere noen nåde i hjertene deres eller for dem å kunne elske Gud med hele deres hjerte. Det er derfor menneskene var ulydige overfor Gud hver gang, selv om Moses viste dem stor makt.

Når de bare møtte litt vanskeligheter på veien, begynte de ganske snart å klage og satte seg så opp imot Moses. Bare det å se at Moses ledet slike mennesker i villmarken i 40 år, kan vi forstå hvor ydmyk og åndelig Moses var. Dette hjertet til Moses er en åndelig ydmykhet, som er en av fruktene fra den Hellige Ånd.

## Åndelig ydmykhet sammen med generøsitet

Men er det noen som helst som tror følgende, 'Jeg blir ikke sint, og jeg tror at jeg selv er mer ydmyk enn andre, men jeg mottar ikke virkelig svar på mine bønner. Jeg hører heller ikke virkelig godt stemmen fra den Hellige Ånd?' Da burde du sjekke om din ydmykhet er en kjødelig ydmykhet. Mennesker vil kanskje si at du er ydmyk hvis det virker som om du er mild og vennlig, men dette er bare en kjødelig ydmykhet.

Det som Gud gjerne lengter etter er en åndelig ydmykhet. Åndelig ydmykhet er ikke bare det å være vennlig og forsiktig, men det må også inneholde en virkelig generøsitet. Sammen med mykheten i hjertet, burde du også ha kvaliteten med en virkelig generøsitet som er synlig på utsiden for å fullstendig kunne kultivere den åndelige ydmykheten. Mye av det samme gjelder en person med en vidunderlig egenskap og som har på seg et klesplagg som stemmer overens med hans egenskap. Selv om en person har en god natur, vil hans nakenhet bli skammelig hvis han går rundt omkring naken, Ydmykhet uten en virkelig generøsitet vil heller ikke være fullendt.

En virkelig generøsitet er akkurat som et klesplagg som får ydmykheten til å skinne, men det er annerledes fra juridiske eller hyklerske handlinger. Hvis du ikke har noen hellighet i ditt hjerte, kan du ikke si at du har en virkelig generøsitet bare på grunn av at du har gode utvendige gjerninger. Hvis du legger vekt på å vise riktige handlinger istedenfor å kultivere ditt hjerte, da vil du veldig sannsynlig ikke kunne se dine egne feil og vil ved en feiltakelse tenke at du har fullført en åndelig vekst til en høyere grad.

Men selv her i verden, vil mennesker her i verden som bare har utvendige utseende uten det å ha en god personlighet ikke oppnå andres hjerte. I troen vil også det å konsentrere seg på de utvendige gjerningene uten å kultivere den indre skjønnheten være meningsløs.

Noen mennesker vil handle oppriktig, men de vil dømme og se ned på andre som ikke gjør ting på samme måte som dem. De vil kanskje også insistere på deres egen standard når de har med andre å gjøre og tenke, 'Dette er den rette veien, så hvorfor gjør de det ikke bare på denne måten?' De vil kanskje si gode ord når de gir råd, men de vil dømme andre i hjertene deres, og de vil snakke innenfor deres egen selvgodhet og onde følelser. Mennesker kan ikke roe seg sammen med slike mennesker. De vil bare bli såret og miste motet, slik at de ikke vil være nære venner med slike mennesker.

Noen folk vil også bli sinte og irriterte innenfor deres selvgodhet og ondskap. De sier at de bare har 'rettferdig uverdighet' og at dette bare er for andres skyld. Men de som har en virkelig generøsitet vil alltid få ro i sinnet i alle situasjoner.

Hvis du virkelig vil bære på frukten ifra den Hellige Ånd fullstendig, da kan du ikke bare dekke over ondskapen i ditt hjerte med ditt utvendige utseende. Hvis du gjør dette, vil dette bare være for å vise seg for andre. Du må hele tiden sjekke deg selv i alt det du gjør og velge veien mot godhet.

## Egenskaper til de som har født frukten fra ydmykheten

Når mennesker ser de som er ydmyke og har store hjerter, vil de si at disse menneskenes hjerter likner et hav. Havet tar imot all forurenset vann fra bekker og elver og renser dem. Hvis vi kultiverer et stort og ydmyket hjerte i likhet med havet, da kan vi lede til og med de syndige sjelene imot frelse.

Hvis vi viser generøsitet på utsiden sammen med ydmykheten på utsiden, kan vi motta mange menneskers hjerter, og vi kan fullføre mange store ting. La meg nå gi deg noen eksempler på egenskapene til de som har mottatt frukten fra ydmykheten.

**Først vil de være elskverdige og moderate i deres handlinger.**

De som virker som om de har et godt temperament, men er egentlig ubesluttsomme, kan ikke akseptere andre. De vil bli sett ned på og brukt av andre. Tilbake i historien var det noen konger som hadde ydmyke egenskaper, men som ikke hadde virkelig generøsitet, så landet var derfor ikke stabilt. Senere i historien kikket ikke mennesker på ham som en ydmyk person, men som en person som ikke var skikket til noe og var ubesluttsom.

På den annen side er det noen konger som hadde varme og vennlige egenskaper sammen med visdom og verdighet. Under styre til slike konger var landet stabilt og menneskene hadde det fredfullt. De som på samme måte har både ydmykhet og en virkelig generøsitet har en riktig dømmende standard. De gjør det som er rettferdig ved å skille riktig mellom det som er rett og det som er galt.

Når Jesus renset Tempelet og irettesatte fariseernes og skribentenes hypokritt, var Han veldig sterk og streng. Han har et ydmykt hjerte slik at han ikke ville 'brekker et ødelagt strå eller slukker et glødende veke', men Han irettesatte menneskene hardt når det var nødvendig. Når du har slik verdighet og rettferdighet i hjerte, da kan ikke mennesker kikke ned på deg selv om du aldri hever din stemme eller prøver å være treng.

Det utvendige utseende har også med det å ha Herrens manerer og de perfekte gjerningene til kroppen. De som er rettskafne har også verdighet, myndighet og viktighet når de prater; de sier ikke meningsløse ting. De tar på seg passende klær for hver situasjon. De har milde ansikts uttrykk, men ikke brysk eller kalde ansikter.

La oss for eksempel se på en person som har uryddig hår og klær, og hans holdning er også uskikket. Hva hvis han også liker å fortelle vitser og prate om andre meningsløse ting. Det kan være veldig vanskelig for slike mennesker å få andres respekt og tillitt.

Andre mennesker vil ikke bli akseptert eller omfavnet av ham.

Hvis Jesus hadde vært spøkende hele tiden, da hadde Hans disipler prøvd å fortelle Ham vitser. Så hvis Jesus hadde lært dem noe vanskelig, ville de ha kranglet med det samme eller kanskje insistert på deres egne meninger. Men de ville ikke torde å gjøre dette. Selv de som kom til Ham for å krangle hadde vanskeligheter med å krangle med Ham på grunn av Hans verdighet. Jesus ord og handlinger hadde alltid mening og verdighet, så menneskene kunne ikke bare lett se på Ham.

Noen ganger kan selvfølgelig de som sitter høyere opp i hierarkiet si noe morsomt til hans overordnede for å lette litt på humøret. Men hvis de overordnedes spøker sammen og har dårlig sinne, vil dette bety at de ikke har en riktig forståelse. Men hvis lederne ikke er oppriktige, og virker distraherende, kan de heller ikke få tillit ifra andre. Høyt stående offiserer i et firma må ha en oppriktig holdning, måte å prate på, og oppførsel.

En overordnet person vil kanskje bruke et æret språk og oppføre seg respektfullt overfor hans underordnede, men hvis en av hans underordnede vise litt for mye respekt vil denne overordnede kanskje noen ganger bruke et vanlig språk, ikke i en æret form, for å gjøre det mer behagelig for hans underordnede. I en slik situasjon vil kanskje hans underordnede føle seg bedre til mote og han kan lettere åpne hjertene deres hvis han ikke er altfor høflig. Men bare fordi den overordnede gjør det mer behagelig for hans underordnede, burde ikke de underordnede se ned på deres overordnede, krangle med dem, eller være ulydige overfor dem.

Romerne 15:2 sier, *"Hver av oss skal tenke opp det som vil tilfredsstille vår nabo, det som bygger opp."* Filipperne 4:8 sier, *"Til slutt, søsken: Alt som er sant og edelt, rett og rent, alt som* er verd å elske og akte, all god gjerning og alt som fortjener ros, legg vinn på det! Og alt dere har lært og tatt imot, sett og hørt hos meg, gjør alt dette." På samme måte er det for de som er virkelige og generøse. De vil gjøre alt gjennom oppriktighet, og de tar også hensyn til andre mennesker slik at de kan føle seg komfortable.

Der etter vil den ydmyke vise barmhjertighet og medlidenhet ved å ha et stort hjerte.

De hjelper ikke bare de som befinner seg i en vanskelig situasjon økonomisk, men også de som er åndelig trette og svake ved å trøste dem og vise dem nåde. Men selv om de er ydmyke inne i dem, vil det være vanskelig å gi denne aromaen fra Kristus hvis denne aromaen bare blir sittende i hjertet deres.

La oss si at det er en troende som lider av fordømmelser på grunn av hennes tro. Hvis kirkelederne rundt henne finner dette ut, da vil de føle barmhjertighet for henne og be for henne. Dette er lederne som bare føler barmhjertighet inne i hjertet deres. Men på den annen side vil det være andre ledere som personlig vil oppmuntre og trøste henne og også hjelpe henne gjennom gjerninger og handlinger ifølge situasjonen. De vil styrke henne slik at hun kan overvinne gjennom troen.

Så bare det å ha hensynet i hjertet og det å virkelig vise gjerninger vil være veldig forskjellig for denne personen som har selve problemet. Når ydmykheten vises på utsiden som en generøs gjerning, kan dette gi nåde og liv til andre. Så når derfor Bibelen sier 'de ydmyke vil arve jorden' (Matteus 5:5), har dette et nære forhold til trofastheten som viser seg på grunn av den virkelige generøsiteten. Å kunne arve jorden har med de himmelske belønningene å gjøre. Det å motta himmelske belønninger har vanligvis med det forholdet til trofasthet å gjøre. Når du mottar en plakett for takknemlighet, fortjeneste og ære, eller en utmerkelse for forkynnelsen ifra kirken, er dette på grunn av din trofasthet. På samme måte vil de ydmyke motta velsignelser, men dette kommer ikke bare fra de ydmykes hjerte. Når det ydmyke hjerte blir uttrykket gjennom virkelige og generøse gjerninger, da vil de bære frukten fra trofastheten. De vil da motta belønninger på grunn av dette. Når du nemlig aksepterer og omfavner mange sjeler gjennom generøsiteten, trøster dem og oppmuntrer dem og gir dem livet, da vil du arve jorden i Himmelen gjennom slike gjerninger.

## Å bære frukten fra ydmykheten

Hvordan kan vi så nå bære frukten fra ydmykheten? Til slutt burde vi kultivere vårt hjerte til en god jord.

*Og Han talte til dem i mange lignelser og sa: "En såmann gikk ut for å så. Og da han sådde, falt noe ved veien, og fuglene kom og tok det. Noe falt på steingrunn hvor det var lite jord, og det skjøt raskt i været fordi jordlaget var tynt. Men da solen steg, ble det svidd og visnet fordi det ikke hadde fått slå rot. Noe falt i tornebusker, og tornebuskene vokste opp og kvalte dem. Men noe falt i god jord og bar frukt; noe hundre, noe seksti, noe tretti ganger det som ble sådd"*

(Matteus 13:3-8).

I Matteus 13 kapittel, vil vårt hjerte ligne fire slags forskjellig jord. Det kan bli kategorisert til veisiden, den steinete åkeren, den tornete åkeren, og den gode jorden.

**Hjertets jord som ligner veisidens jord må bli tatt vekk ifra ens selvgodhet og selv rettferdige rammeverk.**

Veikanten blir tråkket på av mennesker og blir hardere, slik at en ikke kan så frø der. Frøene kan ikke ta rot og vil bli spist av fuglene. De som har slike hjerter har stae sinn. De vil ikke åpne hjertene deres for sannheten, så de kan ikke møte Gud eller motta troen.

Deres egen kunnskap og verdi system har blitt så sterkt innsatt at de ikke kan akseptere Guds Ord. De vil ha en sterk tro på at de selv har rett. For at de kan bryte ned deres selvgodhet og rammeverk, må de først ødelegge ondskapen i hjertet deres. Det er vanskelig å bryte ned selvgodheten og rammeverket hvis en beholder stolthet, arroganse, stahet, og falskhet. En slik ondskap vil få en person til å ha kjødelige tanker som holder dem vekk fra det å tro på Guds Ord.

De som for eksempel har samlet opp falskhet i sinnene deres kan ikke hjelpe for at de tviler selv om andre forteller sannheten. Romerne 8:7 sier, *"siden det kjødelige sinnet er fiendtlig overfor Gud; for det gir seg ikke til Guds Lov, det klarer ikke engang å gjøre det."* Akkurat som det ble skrevet, kan de ikke si 'Amen' til Guds Ord eller adlyde det.

Noen mennesker er veldig stae i begynnelsen, men så fort de mottar nåde og tankene deres endrer seg, vil de bli veldig iherdige i troen deres. Dette er tilfelle hvor de er harde utvendige, men er myke og vennlige inne i hjertet. Men mennesker på veikanten er annerledes enn disse menneskene. Deres er tilfelle hvor deres indre hjerte også har blitt hardt. Et hjerte som er hardt på utsiden men mykt på innsiden kan bli sammenlignet med tynn is mens veikenaten kan bli sammenlignet med et basseng med vann som er frossent helt til bunnen.

Siden veikantens hjerte i lang tid har blitt hardere på grunn av usannheten og ondskapen, er det ikke lett å hurtig bryte det ned. En må fortsette med å bryte det ned om og om igjen for å kultivere det. Når Guds Ord ikke er enig med dine tanker, må de tenke på om deres egne tanker virkelig er riktige. De må også oppbevare gode gjerninger slik at Gud kan gi dem nåde.

Noen ganger vil mennesker be meg om å be for dem slik at de kan få troen. Det er synd at de ikke kan bli troende selv etter at de har sett Guds makt og hørt så mye på Guds Ord, men det er fremdeles mye bedre enn det å ikke prøve i det hele tatt. I tilfelle med hjerte som ligner veikanten, må deres familie medlemmer og kirke ledere be for dem og lede dem, men det er også viktig at også de prøver selv. Da vil frøet fra Ordet på et visst tidspunkt begynne å spire i hjertene deres.

**Hjerte som er i likhet med den steinete åkeren må kaste vekk sin verdslige kjærlighet.**

Hvis du sår frø i en steinete åket, da vil de spire, men de kan ikke vokse opp på grunn av alle steinene. På samme måte vil de som har et hjerte som den steinete åkeren falle når de møter prøver, forfølgelse, eller fristelse.

Når de mottar Guds nåde, føler de at de virkelig vil prøve å leve ifølge Guds Ord. De vil til og med også erfare utrolige under ifra den Hellige Ånd. Det vil si at frøet fra Ordet vil falle inn i hjertet deres og det vil vokse opp. Men selv etter at de har mottatt denne nåden, vil motstridende tanker oppstå når de er på vei til kirken den følgende søndagen. De vil sikkert erfare den Hellige Ånd, men de vil begynne å tvile og føle at det bare var et øyeblikk hvor de hadde fått følsom sinnsbevegelse. De vil tvile, og vil igjen stenge døren til hjertet deres.

For andre vil motstriden kanskje være at de ikke virkelig kan slutte med deres hobby eller de andre underholdningene som de har blitt vant med å nyte, og de vil ikke holde Herrens Dag hellig. Hvis de bli fordømt av familien deres eller deres sjefer på arbeidet mens de lever et troende liv fylt med Ånden, da vil de stoppe med å gå i kirken. De mottar nåde og virker som om de lever et lidenskapelig liv gjennom troen, men hvis de får et problem med andre troende i kirken, vil de kanskje bli fornærmet og vil hurtig forlate kirken.

Hva er så grunne til at Ordets frø ikke får røtter? Det er fordi 'steinene' som ligger i hjertet. Hjertets kjøtt er symbolsk representert av 'steiner' og det er disse usannhetene som holder dem fra det å adlyde Ordet. Blant alle de usanne tingene, det er disse som er så harde at Ordenes frø ikke kan slå rot. Mer bestemt er det hjertets kjøtt som elsker denne verden.

Hvis de elsker en form for verdslig underholdning, er det vanskelig for dem å holde på Ordet og fortelle dem, "Hold

Sabbaten hellig." De som også har steinens grådighet i hjertet vil ikke komme til kirken fordi de vil hate å gi en tiendedel og ofringer til Gud. Noen mennesker har hatende steiner i hjertet deres, så kjærlighets ordet kan ikke slå rot.

Blant de som går i kirken hele tiden, er det fremdeles noen som har et steinet hjerte. Selv om de hadde blitt født og oppdratt i en kristelig familie og lærte om Ordet helt ifra barndommen, lever de ikke ifølge Ordet. De erfarte den Hellige Ånd og noen ganger mottok de også nåde, men de ville ikke kaste bort deres verdslige kjærlighet. Når de lever ifølge Ordet, vil de tenke for seg selv at de ikke burde leve som de lever nå, men når de går hjem igjen havner de tilbake til det verdslige igjen. De lever mens de står over gjerdet med en fot på Guds side og den andre foten på den verdslige siden. Siden de har hørt Guds Ord vil de ikke forlate Gud, men de vil fremdeles ha mange steiner i hjerte som vil hindre Guds Ord å slå røtter i dem.

Noen steinete åkrer kan også være bare delvis steinete. Noen mennesker er trofaste uten at de endrer deres tanker. De vil også bære frukter. Men de har hat i hjerte, og de har konflikt med andre på alle områder. De vil også dømme og fordømme, og derfor bryte freden overalt. Etter mange år vil de derfor ikke bære frukten fra kjærligheten og barmhjertigheten. Andre har ydmyke og gode hjerter. De er omtenksomme og vil lett forstå andre, men de er ikke trofaste. De vil lett bryte løfter og er uansvarlige på mange områder. Så de må forbedre deres svakheter slik at de kan pløye hjerte deres til den får en god jord.

Hva må vi så gjøre for å pløye den steinete åkeren?

Først må vi iherdig følge Ordet. En viss troende prøver å fullføre hans forpliktelser ved å høre på Guds Ord som ber oss om å være trofast. Men det er ikke så lett som han trodde. Når han bare var en legmann som var et kirke medlem som verken hadde en tittel eller en spesiell stilling, da ville andre mennesker tjene ham. Men i hans nåværende stilling må han tjene andre lagmenn. Han prøver kanskje hardt, men han har harde følelser når han arbeider sammen med noen som ikke virkelig er enige med hans måte å gjøre det på. Hans onde følelser som for eksempel hat og onde temperament ville komme fra hans hjerte. Han vil gradvis miste Åndens fullstendighet, og vil til og med tenke på å oppgi hans forpliktelse.

Disse onde følelsene er nå steinene som han må kaste vekk fra hans hjerte. Disse onde følelsene kommer fra den store steinen som heter 'hat.' Når han prøver å adlyde Ordet, 'være trofast', vil han nå møte steinen som er kalt 'hat.' Når han finner den, må han angripe denne steinen som er kalt 'hat' og dra den ut. Bare da kan han adlyde Ordet som ber oss om å elske og holde fred. Han må heller ikke bare gi opp fordi det er hardt, men han må holde på hans forpliktelse hardere og fullføre det mer lidenskapelig. På denne måten kan han endre seg til en arbeider som er ydmyk.

For det andre må vi be iherdig mens vi praktiserer Guds Ord. Når regnet faller på åkeren, vil åkeren bli fuktig og myk. Dette er en god tid til å fjerne steinene. På samme måte vil vi bli fylt med Ånden og vårt hjerte vil bli mykt når vi ber. Når vi blir fylt med den Hellige Ånd gjennom bønn, burde vi ikke miste denne sjansen. Vi må hurtig bli kvitt steinene. Vi må nemlig hurtig begynne å praktisere tingene som vi før ikke riktig kunne adlyde.

Idet vi fortsetter med å gjøre dette om og om igjen, kan til og med de store steinene dypt inne i oss bli ristet løs og dratt ut. Når vi mottar Guds nåde og styrke som Han har gitt ovenfra og mottar den fullstendige Hellige Ånd, da kan vi kaste vekk syndene og ondskapen som vi ikke kunne bli kvitt med vår egen makt.

**De tornete åkrene bærer ikke frukt på grunn av verdens engstelser og rikdommens falskheter.**

Hvis vi sår frø på tornete steder, da vil de kanskje spire og vokse opp, men på grunn av tornene kan de ikke bære frukter. Det er på samme måte med de som har et hjerte i likhet med de tornete åkrene. De vil prøve å tro og praktisere Ordet som de har fått, men de kan ikke sette Ordet fullstendig inn i bruk. Dette er fordi de har engstelser i verden, og falske rikdommer, som er grådighet for penger, berømmelse, og makt. Av denne grunnen vil de leve gjennom lidelser og prøver.

Slike mennesker vil hele tiden engste seg på grunn av de fysiske tingene som hus arbeide, deres firma, eller deres arbeide i morgen, selv om de går i kirken. Det er meningen at de skal få mer trøst og ny styrke mens de går til gudstjenesten i kirken, men de sitter bare med en masse engstelse og bekymringer. Så selv om de anvender veldig mange søndager i kirken, får de ikke smaken på den virkelige lykken og freden ved å holde Søndagen hellig. Hvis de virkelig holdt Søndagen hellig, da ville deres sjeler vokse og de ville motta åndelige og materialistiske velsignelser. Men de kan ikke motta slike velsignelser. Så de må fjerne tornene og praktisere Guds Ord riktig slik at de kan få en god jord i deres hjerte.

Hvordan kan vi nå pløye den tornete åkeren?

Vi må dra ut roten på tornene. Tornene symboliserer kjødelige tanker. Røttene deres symboliserer onde og kjødelige tanker i hjertet. Det vil si at de onde og kjødelige egenskapene i hjertet er kilden til deres kjødelige tanker. Hvis kvistene bare blir kuttet av tornebusken, vil de vokse ut igjen. Og det er på samme måte hvis vi bare sier til oss selv at vi ikke skal ha flere kjødelige tanker. Vi kan ikke stoppe dem så lenge det finnes ondskap i vårt hjerte. Vi må dra ut roten av det kjødelige fra vårt hjerte.

Blant alle røttene, hvis vi drar ut roten som vi kaller grådighet og arroganse, da kan vi til en viss grad kaste bort det kjødelige fra vårt hjerte. Vi vil bli bundet til verden og bekymre oss over de verdslige tingene siden vi er grådige etter de kjødelige tingene. Da vil vi alltid tenke på hva som er godt for oss selv og følge vår egen vei, selv om vi sier at vi lever ifølge Guds Ord. Og hvis vi er arrogante kan vi heller ikke fullstendig adlyde. Vi bruker kjødelig visdom og våre kjødelige tanker fordi vi selv tror at vi kan gjøre noe. Vi må derfor først dra ut røttene som blir kalt grådighet og arroganse.

## Å dyrke en god jord

Når frø blir sådd i en god jord, da vil de spire og vokse opp til å bære frukter 30, 60, eller 100 ganger mer. De som har slike hjerter har ikke noen selvgodhet og rammeverk som de som har hjerter som veikanten. De har ingen torner eller steiner, og vil derfor adlyde Guds Ord bare med et 'Ja' og 'Amen.' På denne måten kan de bære massevis av frukt.

Det er selvfølgelig vanskelig å holde et klart skille mellom veikanten, de steinete åkrene, de tornete åkrene, og den gode jorden til menneskenes hjerte hvis de bare analyserte det gjennom deres egen målestokk. Et hjerte ifra veikanten vil kanskje inneholde litt steinete jord. Selv en god jord kan ha litt usannhet som er i likhet med litt steiner i en voksende prosess. Men samme hva slags åker, kan vi alltid gjøre den til en god jord hvis vi iherdig pløyer den. På samme måte vil den viktigste tingen være hvor iherdig vi pløyer åkeren enn hva slags åker vi har i vårt hjerte.

Selv en veldig røff bar jord kan bli dyrket til en åker med god jord hvis bonden iherdig pløyer den. På samme måte kan også åkeren i vårt hjerte bli endret av Guds makt. Selv de harde hjertene som den på veikanten, kan også bli pløyd ved hjelp av den Hellige Ånd.

Det å motta den Hellige Ånd vil ikke nødvendigvis bety at vårt hjerte vil automatisk endre seg. Vi må også prøve på egen hånd. Vi må prøve å be iherdig, prøve å bare tenke på sannheten, og prøve å praktisere sannheten. Vi må ikke gi opp etter at vi har prøvd i flere uker eller til og med måneder, men vi må bare fortsette med å prøve.

Gud vil kikke på våre anstrengelser før Han gir oss Hans ære og makt og hjelpen fra den Hellige Ånd. Hvis vi tenker på det vi må endre og egentlig endrer disse egenskapene gjennom Guds ære og makt og hjelpen fra den Hellige Ånd, da vil vi helt sikkert bli veldig annerledes etter et år. Vi vil si gode ting på grunn av sannheten, og tankene våre vil endre seg til gode tanker som kommer ifra sannheten.

Til den grad hvor vi pløyer åkeren i vårt hjerte til en god jord, vil vi også kunne få andre frukter ifra den Hellige Ånd. Vennlighet har et spesielt forhold til kultiveringen av åkeren i vårt hjerte. Hvis vi ikke drar ut mangfoldige løgner som sinne, hat, misunnelse, grådighet, krangler, skryting, og selvgodhet, kan vi ikke sis å være ydmyke. Da kan ikke de andre sjelen finne hvile inne i oss.

Av denne grunnen har ydmykheten et mer direkte forhold til hellighet enn andre frukter fra den Hellige Ånd. Vi kan hurtig motta alt det vi spør om gjennom bønner som for eksempel en god jord som gir frukt, hvis vi kultiverer ydmykhet. Vi vil også kunne høre stemmen til den Hellige Ånd klart og tydelig, slik at vi kan bli ledet til vellykkede veier på alle områder.

## Velsignelser for de ydmyke

Det er ikke lett å styre et firma som har flere hundre ansatte. Selv om vi har blitt en leder av en gruppe gjennom valg, er det ikke lett å lede hele gruppen. For å kunne samle sammen så mange mennesker og lede dem, må en kunne ta til seg deres hjerter gjennom den åndelige ydmykheten.

Mennesker vil kanskje følge etter de som har makt eller de som er rike og som virker som om de hjelper de fattige her i verden. Et koreansk sagn sier, "Når hunden til en prest dør, kommer det mangfoldige sørgende, men når selve presten dør, da kommer det ingen sørgende." Akkurat som det står i dette sagnet, kan vi finne ut av om en person virkelig hadde den generøse kvaliteten når han mister hans makt og rikdommer. Når en person er rik og mektig, vil mennesker følge ham, men det er vanskelig å finne noen som vil holde seg sammen med denne personen helt til slutten når han mister all hans makt og rikdommer.

Men han som har verdighet og er generøs vil bli fulgt av mange mennesker selv om han mister all hans makt og rikdom. De følger ham ikke for å tjene mer, men for å finne hvile i ham.

Selv i kirken er det noen ledere som sier at det er hardt fordi de ikke kan akseptere og omfavne bare et par av gruppe medlemmene. Hvis de vil finne oppvekkelse fra gruppen deres, burde de først kultivere et vennlig hjerte som er like mykt som bomull. Da vil medlemmene kunne finne hvile gjennom deres ledere, nyte freden og lykken, slik at oppvekkelsen vil automatisk komme. Prester og pastorer må være veldig ydmyke og kunne akseptere mange sjeler.

Det finnes velsignelser som blir gitt til de ydmyke. Matteus 5:5 sier, *"Velsignet er de ydmyke, for de skal arve jorden."* Akkurat som vi pratet om tidligere betyr ikke det å arve jorden at vi vil få eiendommer her i verden. Det betyr at vi vil motta jord i Himmelen til den grad vi har kultivert åndelig ydmykhet i vårt hjerte. Vi vil motta et stort nok hus i Himmelen slik at vi kan invitere hver eneste sjel som fant hvile i oss.

Å motta et slikt stort oppholdssted i Himmelen betyr også at vi vil oppholde oss i en veldig æret stilling. Selv om vi har en stor eiendom her på jorden, kan vi ikke ta det med oss til Himmelen. Men jorden som vi mottar i Himmelen ved å kultivere et ydmykt hjerte vil være vår arv som aldri vil forsvinne. Vi vil nyte den evige lykke i vårt sted sammen med Herren og våre elskede.

Jeg håper derfor at dere vil iherdig pløye deres hjerte slik at den kan bære frukten fra ydmykheten, slik at di kan arve mye jord som din arv i det himmelske kongerike akkurat som det til Moses.

*Overfor Slike Ting Finnes Det Ingen Lov*

1. Korinterne 9:25

*"Alle som deltar i kamplekene, må nekte seg alt.*

*De gjør det for å vinne en seierskrans som visner,*

*vi for å vinne en som aldri visner."*

## 10. Kapittel

# Selvbeherskelse

En trenger selvbeherskelse på alle områder i livet
Selvbeherskelse er grunnlaget for Guds barn
Selvbeherskelse gjør den Hellige Ånds frukt perfekt
Fødselen av bevisene på fruktene fra selvbeherskelsen
Hvis du vil bære frukten fra selvbeherskelse

Selvbeherskelse

Et maraton er et 42.195 km løp. Løperne må styre hastigheten deres godt for å komme seg til målet. Det er ikke en kort distanse som avslutter hurtig, så de kan ikke springe i fullfart helt tilfeldig. De må holde et veldig jevnt tempo gjennom hele løpet, og når de kommer til et visst punkt, da kan de gi alt det de har for den siste innspurten.

Det samme prinsippet gjelder livene våre. Vi må hele tiden holde oss jevnlige trofaste helt til slutten på vårt løp og vinne kampen imot oss selv for å vinne kampen. De som også vil motta ærede kroner i det himmelske kongerike må kunne ha selvbeherskelse i alt det de gjør.

## En trenger selvbeherskelse på alle områder i livet

Vi kan se her i verden at de som ikke har selvbeherskelse vil gjøre livene deres vanskelige og gjøre ting vanskelig for dem. Hvis for eksempel deres foreldre gir altfor mye kjærlighet til sønnene deres fordi han er deres eneste sønn, er det ganske sannsynlig at dette barnet vil bli skjemmet bort. Og selv om de vet at de må styre og ta vare på familien deres, vil de som er besatt av spilling eller annen slags tilfredsstillelse ruinere deres familie fordi de ikke kan styre seg selv. De sier, "Dette vil bli den siste gangen. Jeg vil ikke gjøre dette mer," men denne 'siste gangen' skjer bare om og om igjen.

I en berømt kinesisk roman Romantikken i de Tre Kongerikene, er Zhang Fei full av medlidenhet og modighet, men han har også et ondt temperament og er aggressiv. Liu Bei og

Guan Yu, som åpenbarer deres brorskap med ham, er alltid bekymret på at han vil gjøre noe galt når som helst. Zhang Fei får mye råd, men han kan ikke virkelig endre hans egenskap. Til slutt møter han problemer på grunn av hans onde temperament. Han slår og pisker hans underordnede som ikke står opp til hans forventninger, og to mennesker som følte at de hadde blitt galt straffet var misunnelige på ham, drepte ham, og ga seg selv opp til fiende leiren.

Det samme gjelder de som ikke kan styre deres temperament. De vil såre mange menneskers følelser hjemme og på arbeidsplassen. Det er lett for dem å forårsake fiendtlighet mellom seg selv og andre, og de vil derfor sannsynligvis ikke leve vellykkede liv. Men de som er kloke vil klandre seg selv og tåle andre selv når de forholder seg i en provoserende situasjon. Selv om andre gjør mange feil, vil de styre deres sinne og røre ved andres hjerter med trøstende ord. Slike handlinger vil vinne mange menneskers hjerter og få deres liv til å blomstre.

## Selvbeherskelse er grunnlaget for Guds barn

Det meste grunnleggende trenger vi som Guds barn selvbeherskelse for å kunne kaste vekk syndene. Jo mindre selvbeherskelse vi har, jo vanskeligere vil vi ha det med å kaste vekk syndene. Når vi hører på Guds Ord og mottar Guds nåde, da vil vi bli enige med oss selv å endre vårt liv, men vi vil fremdeles bli fristet av verden.

Vi kan se dette gjennom ordene som kommer fra våre lepper. Mange mennesker vil be for å få leppene deres til å bli hellige og perfekte. Men i livene deres vil de glemme det de ba om, og de vil bare si det de vil, og følge deres gamle vaner. Når de ser noe skjer og som er hardt for dem å forstå fordi det går imot det de tenker eller tror på, vil det snart være noen mennesker som grubler og klager på det.

De vil angre på det etter at de har klaget, men de kan ikke styre seg selv når deres følelser blir opphisset. Det er også noen mennesker som liker å prate så mye at de ikke kan stoppe. De skiller ikke mellom sannferdige og løgnaktige or, og det de burde si og det de ikke burde si, så de gjør mange feil.

Vi kan se hvor viktig selvbeherskelse er bare ved å se på denne delen av det å styre våre ord.

## Selvbeherskelse gjør den Hellige Ånds frukt perfekt

Men frukten med selvbeherskelse, som en av dem i den Hellige Ånd, refererer ikke simpelthen til det å styre oss selv vekk fra synder. Selvbeherskelsen som i en av fruktene fra den Hellige Ånd styrer andre frukter fra den Hellige Ånd slik at de kan bli perfekte. På grunn av dette Åndens første frukt er kjærlighet og den siste er selvbeherskelse. Selvbeherskelse er litt mindre synbar enn andre frukter, men det er fremdeles veldig viktig. Det styrer alt slik at det kan bli stabilitet, organisasjon, og bestemthet. Det blir det siste som blir snakket om angående fruktene til Ånden fordi alle fruktene kan bli gjort perfekte gjennom selvbeherskelse.

Selv om vi for eksempel har lykkens frukt, kan vi ikke bare gi uttrykk for vår lykke overalt og til alle tider. Når andre mennesker befinner seg i en begravelse, hva ville de så si hvis du bare smilte over hele ditt ansikt? De ville ikke si at du var nådig fordi du bar lykkens frukt. Selv om lykken av å motta frelse er så kjempestor, må vi styre den ifølge situasjonene. På denne måten kan vi gjøre den til en virkelig frukt fra den Hellige Ånd.

Det er viktig å ha selvbeherskelse når vi også er trofaste overfor Gud. Du må sette av den riktige tiden slik at du kan holde deg der du trenger å være på den riktige tiden hvis du har mange forpliktelser. Selv når du er på et møte som er veldig viktig, må du avslutte det på den riktige tiden. Og for å være trofaste i alle Guds hus, trenger vi frukten ifra selvbeherskelse.

Det samme gjelder fruktene ifra den Hellige Ånden, inkludert kjærlighet, barmhjertighet, godhet, o.s.v. Når fruktene som har blitt født i hjertet blir vist gjennom gjerninger, må vi følge ledelsen og stemmen fra den Hellige Ånd for at den skal bli mest passende. Vi kan prioritere hvilket arbeide som skal bli gjort først og hva som kan bli gjort senere. Vi kan ta i betraktning om vi skal gå fremover eller tilbake. Vi kan ha et slikt synspunkt gjennom denne frukten av selvbeherskelse.

Hvis noen har fullstendig mottatt alle fruktene fra den Hellige Ånd, betyr dette at han følger den Hellige Ånds ønsker i alt. For å kunne følge den Hellige Ånds ønsker og handle gjennom fullstendigheten, må vi ha fruktens selvbeherskelse. Det er derfor vi sier at frukten fra den Hellige Ånden har blitt fullendt gjennom denne frukten fra selvbeherskelsen, den siste frukten.

## Fødselen av bevisene på fruktene fra selvbeherskelsen

Når de andre frukter som kommer fra den Hellige Ånd blir vist utvendig, da vil frukten fra selvbeherskelse bli som et diskusjons senter som bygger harmoni og ordre. Selv når vi tar til oss noe godt ofra Herren, det å ta alt det du kan er ikke alltid det beste. Hvis vi sier for mye kan dette være verre enn hvis vi ikke sier nok. Åndelig må vi også gjøre ting i moderasjon og følge ønskene fra den Hellige Ånd.

La meg nå forklare hvordan frukten med selvbeherskelse kan vises i detaljer.

**Først vil vi følge ordren eller hierarkiet over alt.**

Ved å forstå vår stilling i ordren, vil vi kunne forstå når vi burde handle eller når vi ikke burde handle og hva vi burde si og hva vi ikke burde si. Da vil det ikke være noen misforståelser, krangler, eller uoverensstemmelser. Vi burde heller ikke gjøre noe som ikke er riktig eller ting som går over grensen med henhold til vår stilling. La oss for eksempel anta at en leder av en misjonsgruppe spurte den ansvarlige å gjøre et visst arbeide. Denne ansvarlige er full av lidenskap, og han føler at han har en bedre ide, så han endret noen ting ifølge hans dømmekraft og utførte hans arbeide henholdsvis. Så selv om han arbeidet med all denne lidenskapen, beholdt han ikke ordren ved å endre på ting på grunn av at han ikke hadde nok selvbeherskelse.

Gud kan se høyt på oss når vi følger ordren ifølge forskjellige stillinger i misjonsgruppene i kirken, som for eksempel presidenten, vise presidenten, forvalteren, sekretæren, eller kassereren. Våre ledere vil kanskje ha forskjellige måter å gjøre ting på enn det vi har. Og selv om din egen måte virker mye bedre og vil mer sannsynlig gi mye mer frukt, kan vi ikke gi mye frukt hvis ordren og freden blir brutt. Satan vil alltid forstyrre når freden blir brutt, og Guds arbeide vil bli hindret. Med mindre en viss ting er en fullstendig løgn, må vi tenke på hele gruppen, og adlyde og følge etter freden ifølge ordren slik at alt kan bli gjort helt perfekt.

**For det andre kan vi kikke på innholdet, tiden, og stedet selv når vi gjør noe godt.**

Å for eksempel rope ut i bønn er godt, men hvis du roper ut samme hvor du er uten noen som helst tanke om hvor du er, vil dette vanære Gud. Og når du forkynner evangeliet eller besøke medlemmer for å ofre dem åndelig veiledning, da burde du tenke på hva du sier. Selv om du forstår de dype åndelige tingene, kan du ikke bare spre det omkring til alle. Hvis du gir folk noe som ikke passer deres troende målestokk, kan dette få personen til å snuble eller få dem til å dømme eller fordømme.

I noen tilfeller vil en person gi hans vitnesbyrd eller fortelle det han åndelige har forstått til mennesker som er opptatte med annet arbeide. Selv om innholdet er veldig godt, kan han ikke virkelig forbedre andre med mindre det blir fortalt på en riktig måte. Selv om andre hører ham vil de ikke være forskammete overfor ham, men de klarer ikke virkelig å høre på hans forkynnelse fordi de er veldig opptatte og nervøse. La meg gi deg et annet eksempel. Når en hel menighet eller en gruppe mennesker har et rådgivende møte med meg, og hvis en person hele tiden forteller om hans vitnesbyrd, hav ville så skje med dette møtet? Denne personen gir Gud ære fordi han er full av nåde fra Ånden. Men han bruker personlig også på grunn av dette opp all tiden som skulle vært til hele gruppen. Dette er på grunn av at han ikke har nok selvbeherskelse. Selv om du gjør noe veldig godt, burde du kikke på alle slags situasjoner og ha selvbeherskelse.

**For det tredje, er vi ikke utålmodige eller har dårlig tid, men rolige slik at vi kan reagere til hver eneste situasjon gjennom forståelse.**

De som ikke har noen selvbeherskelse er utålmodige og tenker ikke på andre. Idet de forter seg avgårde har de bare mindre forståelse, og de vil kanskje unngå viktige ting. De vil hastig dømme og fordømme andre som gjør andre ukomfortable. For de som ikke er tålmodige når de hører på eller svarer andre, de vil gjøre mange feil. Vi burde ikke utålmodig avbryte andre mens de prater. Vi burde høre tålmodig på dem helt til de er ferdige slik at vi kan unngå noen hastige konklusjoner. Vi kan også på denne måten forstå denne personens hensikt og reagere på den deretter.

Før vi mottok den Hellige Ånd, hadde Peter en utålmodig og sosial natur. Han prøvde desperat å styre seg selv overfor Jesus, men hans karakter ble fremdeles avslørt noen ganger. Når Jesus fortalte Peter at han ville nekte Ham før korsfestelsen, nektet Peter med det samme på hva Jesus sa, og sa at han aldri ville nekte Herren om noe.

Hvis Peter hadde hatt selvbeherskelse, ville han ikke bare vært uenig med Jesus, men han ville ha prøvd å finne det rette svaret.

Hvis han hadde visst at Jesus var Guds Sønn, og at Han aldri ville sagt noe meningsløst, ville han ha holdt på Jesus ord i hans sinn. Ved å gjøre dette kunne han vært forsiktig nok med at det ikke ville ha skjedd. Riktig forståelse som får oss til å reagere riktig kommer ifra selvbeherskelse.

Jødene var veldig stolte av seg selv. De var så stolte at de holdt strengt på Guds Lov. Og siden Jesus irettesatte fariseerne og saddukeerne som var de politiske og de religiøse lederne, kunne de ikke favorisere Ham. Spesielt siden Jesus sa at Han var Guds Sønn, så de på dette som gudsbespottelse. Akkurat da næret tiden seg for løvhyttefesten. Rundt innhøstingstiden, satte de opp boder for å minnes utvandringen og takke Gud. Folk gikk vanligvis opp til Jerusalem for å feire festivitetene.

Men Jesus var ikke på vei til Jerusalem selv om festen nærmet seg, og Hans brødre anbefalte ham om å dra til Jerusalem, vise mirakler, og avsløre seg selv for å oppnå støtte ifra folk (Johannes 7:3-5). De sa, *"For det er ingen som gjør noe i hemmelighet når han selv søker etter å bli kjent offentlig"* (v. 4). Selv om noe virker veldig sannsynlig, har det ikke noe forhold til Gud med mindre det er i samsvar med Hans vilje. På grunn av deres egne tanker, trodde til og med Jesus brødre at det ikke var riktig når de så at Jesus ventet stille på Hans tid.

Hvis Jesus ikke hadde hatt selvbeherskelse, ville Han ha dratt opp til Jerusalem med det samme for å avsløre seg selv. Men Han ble ikke ristet av ordene fra Hans brødre. Han ventet bare på den riktige tiden og for at Guds forsyn skulle bli avslørt. Og så dro Han stille opp til Jerusalem uten at noen av folkene merket det etter at alle brødrene hadde dratt til Jerusalem. Han handlet ifølge Guds vilje og visste nøyaktig når han skulle gå og når han skulle bli.

# Hvis du vil bære frukten fra selvbeherskelse

Når vi prater med andre, blir ordene og innerst inne i hjertene deres mange ganger forskjellige. Noen vil prøve å avsløre andre menneskers feil for å kunne dekke opp deres egne feil. De vil kanskje spørre om noe for å fullføre deres grådighet, men de spør som om det er et spørsmål fra noen andre. De vil spørre noe for å kunne forstå Guds vilje, men i virkeligheten prøver de å få det svaret som de selv vil ha. Men hvis du stille prater med dem, kan vi se at hjertet deres til slutt blir avslørt.

De som har selvbeherskelse vil ikke lett bli ristet av andre menneskers ord. De kan stille høre på andre og kan skille mellom sannheten gjennom den Hellige Ånds arbeide. Hvis de skiller mellom selvbeherskelse og svarene, da kan de redusere mange feiltakelser som kan skje på grunn av gale avgjørelser. Til denne grad vil de ha myndigheten og vekten til det de sier, slik at ordene deres kan få en tyngre virkning på andre. Hvordan kan vi nå bære denne viktige frukten med selvbeherskelse?

**Først må vi ha uendrende hjerter.**

Vi må kultivere de sannferdige hjertene som ikke har noen falskhet eller listighet. Så kan vi ha makten til å gjøre det vi vil gjøre. Vi kan selvfølgelig ikke bare kultivere et slikt hjerte over natten. Vi må fortsette og trene oss selv, og begynne med å holde vårt hjerte i alle små ting.

Det fantes en viss herre og hans lærlinger. En dag da de gikk gjennom en markedsplass og noen av forhandlerne på markedet hadde en misforståelse om dem og startet en krangel med dem.

Disiplene ble rasende og begynte å krangle, men herren var stille. Etter at de hadde kommet tilbake fra markedet, tok han en bunke med brev fra skapet. Brevene inneholdt ting som kritiserte ham uten noen som helst grunn, og han viste dem til hans elever.

Da sa han, "Jeg kan ikke unngå å bli misforstått. Men det gjør ikke noe at jeg bli misforstått av menneskene. Jeg kan ikke unngå den første urenheten som jeg møter, men jeg kan fremdeles unngå dumheten med å ta den andre urenheten."

Her er den første urenheten å bli en gjenstand for sladder blant andre mennesker. Den andre urenheten er å ha ukomfortable følelser og begynne å krangle og trette på grunn av slik sladder.

Hvis vi kan ha et slikt hjerte som denne herren, vil vi ikke bli ristet i noen som helst slags situasjoner. Men vi vil heller kunne holde våre hjerter rene og livene våre vil bli fredelige. De som kan holde hjertene deres rene kan styre seg selv gjennom alt. Til den grad hvor vi kaster vekk all slags ondskap som hat, misunnelse, og sjalusi, kan Gud stole på oss og vi kan bli elsket av Ham.

Tingene som mine foreldre lærte meg da jeg var barn hjalp meg veldig mye i min prestetjeneste. Mens jeg hadde lært om den riktige måten å prate på, riktig gange, manerer og oppførsel, lærte jeg å holde mitt hjerte rent og styre meg selv. Så fort vi bestemmer oss for noe, må vi holde på det og ikke forandre det ifølge vårt eget gagn. Idet vi samler opp slike anstrengelser, vil vi til slutt ha et uendret hjerte og få makten av selvbeherskelse.

**Deretter må vi trene oss selv til å høre på ønskene fra den Hellige Ånd uten å først kikke på vår egen mening.**

Til den grad hvor vi lærer om Guds Ord, lar den Hellige Ånd

oss høre Hans stemme gjennom Ordet som vi lærte. Selv om vi blir anklaget uten grunn, vil den Hellige Ånd be oss om å tilgi og elske hverandre. Da kan vi tenke, "Det må være en grunn til at denne personen gjør det han gjør. Jeg vil prøve å la hans misforståelse gå vekk ved å resonnere med ham på en vennlig måte.' Men hvis vårt hjerte har mer usannhet, da vil vi først høre stemmen til Satan. 'Hvis jeg lar ham bli, da vil han fortsette med å kikke ned på meg. Jeg må gi ham en lærepenge.' Selv om vi hører stemmen til den Hellige Ånd, vil vi unngå det fordi det er altfor svakt i sammenligning med de overveldede onde tankene.

Vi kan derfor høre stemmen til den Hellige Ånd når vi iherdig kaster bort løgnene som ligge i hjertene våre og holde Guds Ord inne i tankene våre. Vi vil kunne høre den Hellige Ånds stemme mer og mer idet vi adlyder selv den svake stemmen til Ånden. Vi må først prøve å høre stemmen til den Hellige Ånd, istedenfor det vi synes er mer inntrengende og hva vi selv tenker er godt. Så idet vi hører Hans stemme og mottar Hans anbefalelser, må vi adlyde den og begynne å praktisere den. Idet vi trener oss selv til å være oppmerksomme på og adlyde den Hellige Ånds ønsker hele tiden, vil vi kunne skille selv den svake stemmen fra den Hellige Ånd. Da vil vi få harmoni i alt.

På en måte vil det kanskje virke som om selvbeherskelsen har den minste fremstående egenskapen blant alle de ni fruktene til den Hellige Ånd. Men det er nødvendig på alle områder av de forskjellige fruktene. Det er selvbeherskelse som styrer alle de andre åtte fruktene til den Hellige Ånd: Kjærlighet, lykke, fred, tålmodighet, vennlighet, godhet, trofasthet, og ydmykhet. Alle de andre åtte fruktene vil også bli fullstendige bare gjennom frukten fra selvbeherskelsen, og det er derfor den siste frukten fra selvbeherskelsen er så viktig.

Hver og en av disse fruktene fra den Hellige Ånden er mer verdifulle og vakrere enn noen av de andre edelsteinene her i verden. Vi kan motta alt det vi spurte om gjennom bønnene og vi vil blomstre på alle måter hvis vi bærer fruktene ifra den Hellige Ånd. Vi kan også avsløre Guds ære ved å forkynne makten og myndigheten fra Lyset her i verden. Jeg håper at dere vil lengte etter og få fruktene fra den Hellige Ånden mer enn noen annen skatt her i verden.

Galaterne 5:22-23

"Men frukten fra Ånden er

kjærlighet, lykke, fred, tålmodighet,

vennlighet, godhet, trofasthet, snillhet, selvbeherskelse;

og overfor slike ting finnes det ingen lov."

*Overfor Slike Ting Finnes Det Ingen Lov*

## 11. Kapittel

# Overfor slike ting finnes det ingen lov

For du ble innkalt av friheten

Spaser med Ånden

Den første av de ni fruktene er kjærlighet

Overfor slike ting finnes det ingen lov

Overfor slike ting finnes det ingen lov

Apostelen Paulus var jødenes jøde, og han skulle dra til Damaskus for å arrestere de kristne. Men på veien møtte han Herren og angret. Han var ikke klar over evangeliets sannhet hvor en på den tiden blir frelst gjennom troen på Jesus Kristus, men etter at han hadde mottatt gaven ifra den Hellige Ånd begynte han å lede forkynnelsene til hedningene med ledelse fra den Hellige Ånd.

De ni fruktene i den Hellige Ånd har blitt skrevet ned i 5 kapittel i Galaternes bok, som er en av epistlenes. Hvis vi forstår situasjonene på denne tiden, da kan vi forstå grunnen til at Paulus skrev Galaterbrevene og hvor viktig det er for de kristne å bære frukten ifra Ånden.

## For du ble innkalt av friheten

På hans første misjonær reise, dro Paulus til Galatia. Han forkynte ikke om Moses Lov på synagogen, men bare evangeliet fra Jesus Kristus. Hans ord ble bekreftet på grunn av de følgende tegnene, og mange mennesker ble frelst. De troende i kirken Galatia elsket ham så mye at de ville ha tatt ut deres øyne og gitt dem til Paulus.

Etter at Paulus hadde fullført hans første misjonær reise og kommet tilbake til Antioch, oppstod det et problem i kirken. Noen mennesker kom ifra Judea og lærte at hedningene måtte bli omskjæret for å motta frelse. Paulus og Barnabas hadde mange uenigheter og debatter med dem.

Brødrene ble enige om at Paulus og Barnabas og et par andre skulle dra opp til Jerusalem til apostlene og de eldre angående dette temaet. De følte at de måtte komme til en konklusjon angående loven til Moses mens han forkynte om evangeliet til hedningene både i kirken i Antioch og Galatia.

Apostlenes Gjerninger 15 beskriver situasjonen før og etter rådet i Jerusalem, og fra dette kan vi forstå hvor seriøs situasjonen var på denne tiden. Apostlene som var Jesus disipler, og de eldre og kirkens representanter samlet seg og hadde opphissede diskusjoner, og de ble enige om at hedningene måtte holde seg vekk ifra ting som hadde blitt flekket av idoler og fra utroskap, fra det som blir kvalt og fra blod.

De sendte mennesker til Antioch for å levere det offisielle brevet som fortalte om rådets konklusjon, siden Antioch var hoved stedet for hedningenes forkynnelse. De ga litt frihet til hedningene når de holdt på Loven til Moses fordi det ville være veldig vanskelig for dem å holde på Loven på samme måte som jødene. På denne måten kunne hedningene motta frelse ved å tro på Jesus Kristus.

Apostlenes Gjerninger 15:28-29 sier, *"Den Hellige Ånd og vi har besluttet å ikke legge noen annen byrde på dere enn disse helt nødvendige tingene: at dere holder dere borte fra kjøtt som er ofret til avgudene, fra blod, fra kjøtt av kvalte dyr og fra hor. Om dere passer dere for slikt, vil det gå dere godt. Lev vel."*

Beslutningen fra rådet i Jerusalem ble overrakt til kirkene, men de som ikke forstod sannheten i evangeliet og måten korset ble undervist på i kirkene om at de troende måtte holde seg til Moses Lov. Noen falske profeter gikk også i kirken og hisset opp de troende og kritiserte apostelen Paulus som ikke underviste Loven.

Når en slik begivenhet fant sted i kirken i Galatia, ville

apostelen Paulus forklare dem om den sanne friheten for de kristne i hans brev. Han fortalte at han hadde holdt seg veldig strikt til Moses Lov, men hadde blitt en apostel for hedningene etter at han hadde møtt Herren. Han lærte dem om sannheten i evangeliet og sa, *"Dette er den eneste tingen jeg vil vite fra dere: fikk dere Ånden ved lovgjerninger eller ved å høre og tro? Er dere så uforstandige? Dere begynte ved Ånden, vil dere nå fullføre med menneskeverk? Har dere opplevd alt dette forgjeves—hvis det da var forgjeves? Han som gir dere Ånden og gjør under blant dere, gjør han det ved lovgjerninger eller ved at dere hører og tror?"* (Galaterne 3:2-5).

Han hevdet at Jesus Kristus evangeliet som han underviste er sannferdig fordi det var en avsløring ifra Gud, og grunnen til at hedningene ikke behøvde å omskjære kroppene deres var fordi det var viktig at de omskjærer deres hjerte i stedet. Han lærte dem også om kjøttets ønsker og ønskene til den Hellige Ånd, og om det kjødelige arbeide og frukten fra den Hellige Ånd. Det var for å få dem til å forstå hvordan de burde bruke deres frihet som de hadde mottatt gjennom evangeliets sannhet.

## Spaser med Ånden

Hva er så grunnen til at Gud ga Moses Loven? Det var fordi folk var onde og de anerkjente ikke synden som synd. Gud fortalte dem om syndene, og lot dem løse syndenes problemer og nå den rettferdige Gud. Men problemet med syndene kunne ikke bli løst gjennom Lovens gjerninger, og på grunn av dette, lot Gud menneskene nå rettferdigheten til Gud gjennom troen på Jesus

Kristus. Galaterne 3:13-14 sier, "*Men Kristus kjøpte oss fri fra Lovens forbannelse for vår skyld. For det står skrevet: 'Forbannet er hver den som henger på et tre.' Slik skulle Abrahams velsignelse komme til folkeslagene i Jesus Kristus, så vi ved troen skulle få Ånden som det var gitt løfte om.*" Men dette betyr ikke at Loven ble slettet. Jesus sa i Matteus 5:17, "*Tro ikke at Jeg kom for å fjerne Loven eller profetene; Jeg kom ikke hit for å fjerne den men for å fullføre den,*" og Han sa i det neste vers 20, "*For Jeg sier til deres at hvis ikke deres rettferdighet blir større enn skribentene og fariseerne, da vil du ikke komme inn til himmelens kongerike.*"

Apostelen Paulus sa til de troende i Galater kirken, "*Mine barn, som jeg igjen må føde med smerte til Kristus får skikkelse i dere*" (Galaterne 4:19), og til slutt rådet han dem og sa, "*Dere, søsken, er kalt til frihet. La bare ikke friheten bli et påskudd for det som kjøtt og blod vil, men tjen hverandre i kjærlighet. For hele Loven blir oppfylt i dette ene budet: 'Du skal elske din neste som deg selv.' Men når dere biter og glefser etter hverandre, så pass dere, så dere ikke eter hverandre opp*" (Galaterne 5:13-15).

Som Guds barn som har mottatt den Hellige Ånd, hva må vi gjøre for å kunne tjene hverandre gjennom kjærligheten helt til Kristus har blitt formert inne i oss? Vi må spasere med den Hellige Ånd slik at vi ikke kan utføre kjøttets ønsker. Vi kan elske våre naboer og ha Kristus form inne i oss hvis vi mottar de ni fruktene fra den Hellige Ånd gjennom Hans ledelse.

Jesus Kristus mottok Lovens forbannelse og døde på korset selv om Han var uskyldig, og vi fikk friheten gjennom Ham. For at vi ikke lenger skal bli syndenes slaver igjen, må vi bære på frukten fra Ånden.

Hvis vi synder igjen med denne friheten og korsfester Herren på nytt ved å gjøre ting for det kjødelige, da vil vi ikke kunne arve Guds kongerike. Men hvis vi på den annen side bærer frukten fra Ånden ved å spasere sammen med Ånden, da vil Gud beskytte oss slik at fiende djevelen og Satan ikke kan skade oss. Vi vil også kunne motta alt det vi spør om gjennom bønn.

*"Mine kjære, dersom vårt hjerte ikke fordømmer oss, kan vi være frimodige overfor Gud. Og det vi ber om, får vi av ham. For vi holder Hans bud og gjør det som er godt i Hans øyne. Og dette er Hans bud: Vi skal tro på hans Sønn Jesus Kristi navn og elske hverandre, slik som Han bød oss"* (1. Johannes 3:21-23).

*"Vi vet at hver dem som er født av Gud, ikke synder. For han som er født av Gud, bevarer ham, så den onde ikke kan røre ham"* (1. Johannes 5:18).

Vi kan bære på frukten fra den Hellige Ånd og nyte en sann frihet som kristne når vi har mottatt troen til å spasere gjennom Ånden og troen og arbeide gjennom kjærligheten.

## Den første av de ni fruktene er kjærlighet

Den første frukten av de ni Åndelige fruktene er kjærligheten. Kjærligheten som i 1. Korinterne 13 er kjærligheten for å kultivere den åndelige kjærligheten mens kjærligheten som kommer fra en av fruktene fra den Hellige Ånden ligger på et høyere nivå; det har ingen grenser og har en endeløs kjærlighet, som fullfører Loven. Dette er Loven til Gud og Jesus Kristus. Hvis vi har en slik kjærlighet, da kan vi ofre oss selv fullstendig ved hjelp av den Hellige Ånd.

Vi kan bære lykkens frukt til den grad hvor vi vil kultivere denne kjærligheten, slik at vi kan juble og være glade i alle slags omstendigheter. På denne måten vil vi ikke ha noen problemer med noen, så vi vil bære på fredens frukt.

Idet vi oppholder fred med Gud, med oss selv, og med alle andre, vil vi naturligvis bære på frukten fra tålmodigheten. Tålmodigheten som Gud gjerne vil ha er at vi ikke engang behøver å tåle noe i det hele tatt fordi vi vil ha en fullstendig godhet og sannhet inne i oss. Hvis vi har en sann kjærlighet, da kan vi forstå og akseptere hvilken som helst person uten å ha noen dårlige følelser i det hele tatt. Vi behøver derfor ikke å tilgi eller godta noe gjennom hjertet.

Når vi er tålmodige med andre på grunn av vår godhet, da vil vi kunne bære den vennlige frukten. Hvis vi også er tålmodige gjennom vår godhet med mennesker som vi ikke forstår, da kan vi vise dem vennlighet. Selv om de gjør ting som er fullstendig utenfor det vanlige, vil vi kunne forstå deres synspunkter og akseptere dem.

De som bærer frukten med vennlighet vil også ha godhet. De vil se på andre som bedre enn seg selv og se på andres interesser som om de er like gode som deres egne. De vil ikke krangle med noen, og de ville ikke heve stemmene deres. De vil ha samme hjerte som Herren som ikke klipper et knekket strå eller si nei til et menneske akkurat som å slukke en glødene veke. Hvis du har slike frukter ifra godheten, da vil du ikke insistere på dine egne meninger. Du vil bare holde deg trofast i alle Guds hus og være ydmyk.

De som er ydmyke vil ikke bli et hinder for andre, og de kan holde fred med alle. De har et generøst hjerte så de vil ikke dømme eller fordømme, men de vil bare forstå og akseptere andre.

For å kunne bære frukten ifra kjærligheten, lykken, freden, tålmodigheten, vennligheten, godheten, trofastheten og ydmykheten gjennom harmoni, må det finnes selvbeherskelse. Å ha en overflod av Gud er godt, men Guds arbeide må bli fullført i en viss ordre. Vi trenger selvbeherskelse for å ikke overdrive noe, selv om det er noe godt. Idet vi følger viljen til den Hellige Ånd på denne måten, vil Gud få oss alle til å arbeide sammen.

## Overfor slike ting finnes det ingen lov

Tjeneren, den Hellige Ånd, leder Guds barn imot sannheten slik at de kan nyte den virkelige friheten og lykken. Den sanne friheten er rensing fra syndene og makten til Satan som prøver å stoppe oss fra å tjene Gud og nyte et lykkelig liv. Dette er også lykke som en har fått ved å ha samvær med Gud.

Akkurat som det ble skrevet i Romerne 8:2, *"For loven til livets Ånd i Jesus Kristus har satt deg fri fra loven med synd og død,"* er det friheten som vi bare kan få hvis vi tror på Jesus Kristus innerst inne i hjertet og spaserer i Lyset. Vi kan ikke oppnå denne friheten gjennom vår menneskelige styrke. Vi kan aldri få den uten Guds nåde, og dette er en velsignelse som vi kan nyte hele tiden så lenge vi holder på troen vår.

Jesus sa også i Johannes 8:32, "...*og du vil vite sannheten, og sannheten vil sette deg fri.*" Friheten er sannheten, og den kan ikke endres på. Det blir et liv for oss og det vil føre oss til det evige livet. Det finnes ingen sannhet i denne nytteløse og endrende verden; det er bare Guds Ord som er selve sannheten. Å kjenne til sannheten er å lære Guds Ord, holde det i tankene, og sette det på prøve.

Men det vil ikke alltid være lett å praktisere sannheten. Mennesker har usannheten som de lærte før de ble kjent med Gud, og slike usannheter hindrer dem i å praktisere sannheten. Den kjødelige loven som gjerne vil følge etter usannheten og loven til livets Ånd som gjerne vil følge sannheten vil starte krig med hverandre (Galaterne 5:17). Dette er en krig hvor vi kan oppnå sannhetens frihet. Denne krigen vil fortsette helt til vår tro er sterk nok til at vi kan stå på egen hånd og aldri bli rikket derfra.

Idet vi står på troens klippe, vil det være mye lettere å kjempe for den gode kampen. Når vi kaste vekk all ondskapen og blir frelst, Da vil vi til slutt kunne nyte frihetens sannhet. Vi behøver ikke lenger å slåss om den gode kampen, fordi vi vil bare praktisere sannheten hele tiden. Hvis vi bærer fruktene fra den Hellige Ånd ifølge Hans ledelse, er det ingen som kan stoppe oss ifra å ha frihetens sannhet.

Dette er på grunn av dette at Galaterne 5:18 sier, "*Men hvis du blir ledet av Ånden, da befinner du deg ikke lenger under Loven,*" og de følgende versene 22-23 sier, "*frukten ifra Ånden er kjærlighet, lykke, fred, tålmodighet, vennlighet, godhet, trofasthet, ydmykhet, selvbeherskelse; og imot slike tinge finnes det ikke noen lov."*

Budskapet fra de ni fruktene fra den Hellige Ånd er akkurat som nøkkelen som åpner porten til velsignelsene. Men bare på grunn av at vi har nøkkelen, vil velsignelsens dør ikke bare åpne av seg selv. Vi har egentlig satt nøkkelen i låsen og åpnet den, og det samme gjelder Guds Ord. Samme hvor mye vi hører, er den ikke fullstendig vår ennå. Vi kan motta velsignelser som ligger inne i Guds Ord bare når vi praktiserer det.

Matteus 7:21 sier, *"Ikke alle som sier til Meg, 'Herre, Herre,' vil komme inn til himmelens kongerike, men han som holder seg til Min Fars vilje, Han som er i himmelen, vil komme inn."* Jakob 1:25 sier, *"Men en som kikker intenst på den perfekte loven, frihetens lov, og overholder den, og som ikke blir en glemsk tilhører men en effektiv gjerningsmann, denne mannen vil bli velsignet i alt det han gjør."*

For at vi kan motta Guds kjærlighet og velsignelser, er det viktig å forstå hva frukten fra den Hellige Ånd er, holde dem i tankene våre, og egentlig bære på disse fruktene ved å praktisere Guds Ord. Hvis vi bærer på frukten fra den Hellige Ånd fullstendig ved å fullstendig praktisere sannheten, da vil vi kunne nyte den sanne friheten gjennom sannheten. Vi kan klart og tydelig høre stemmen fra den Hellige Ånd og bli ledet alle veiene, slik at vi kan vokse og utvikle oss på alle måter. Jeg ber i Herrens navn at du vil nyte den store ære både her på jorden og i det Nye Jerusalem, vårt endelige troende mål.

## Forfatteren:
# Dr. Jaerock Lee

Dr. Jaerock Lee var født i Muan, Jeonnam Province, den Koreanske Republikken, i 1943. Da han var i tjueårene, led Dr. Lee av forskjellige uhelbredelige sykdommer i sju år og ventet på døden uten noen som helst håp om helbredelse. Men en dag på våren i 1974 ble han ført til en kirke av hans søster, og når han knelte ned for å be, helbredet den levende Gud ham av alle hans sykdommer med det samme.

Fra dette øyeblikket hvor han møtte den levende Gud gjennom denne vidunderlige erfaringen, har Dr. Lee elsket Gud med hele hans hjerte, og i 1978 ble han tilkalt for å tjene Gud. Han ba iherdig gjennom mangfoldige bønner slik at han klart og tydelig kunne forstå Guds vilje, fullstendig fullføre den og adlyde Guds Ord. I 1982 startet han Manmin Sentral Kirken i Seoul, Korea, og Guds mangfoldige under, inkludert mirakuløse helbredelser, tegn og under, har helt siden da av funnet sted i denne kirken.

I 1986, ble Dr. Lee presteviet ved Jesus Årlige Forsamling i Sungkyul Kirken i Korea, og fire år senere i 1990, begynte de å kringkaste hans gudstjeneste i Australia, Russland, og i Filippinene. Innen kort tid nådde de mange flere land gjennom Fjerne Østens Kringkastingsfirma, Asias Kringkastingsstasjon, og Washingtons Kristelige Radio System.

Tre år senere, i 1993, ble Manmin Kirken valgt som en av "Verdens Topp 50 Kirker" av Christian World magasinet (US) og han mottok en Æres Doktorgrad om Guddommelighet fra Christian Faith College, Florida, USA, og i 1996 mottok han hans doktorgrad i prestetjeneste fra Kingsway Theological Seminary, Iowa, USA.

Siden 1993, har Dr. Lee stått i spissen for verdens forkynnelse gjennom mange utenlandske kampanjer i Tanzania, Argentina, L.A., Baltimore, Hawaii, og byen New York i Amerika, Uganda, Japan, Pakistan, Kenya, Filippinene, Honduras, India, Russland, Tyskland, Peru, den Demokratiske Republikk i Kongo, Israel og Estonia.

I 2002 ble han anerkjent som en av "verdens oppvekkelsespredikanter" for hans mektige menighet I forskjellige utenlandske kampanjer av store Kristelige aviser i Korea. Spesielt ble hans 'New York kampanje 2006' holdt i Madison Square Garden, den mest berømte plassen i verden. Begivenheten ble kringkastet til 220 nasjoner, og i hans 'Israelske Samlede Kampanje 2009', som ble holdt i det Internasjonale Konferanse Senteret i Jerusalem, forkynte han modig at Jesus Kristus er Messias og Frelseren.

Hans gudstjeneste blir kringkastet til 176 land via satellitter inkludert GCN TV, og han ble skrevet opp som en av de 'Topp 10 Mest Innflytelsesrike Kristne Ledere i 2009 og 2010 av den populære Russiske Kristne magasinet In Victory og nyhetsfirmaet Christian Telegraph for hans mektige TV kringkastings gudstjeneste og utenlandske kirkelige prestegudstjeneste

Fra og med april 2018, har Manmin Kirken en menighet på mer enn 130,000 medlemmer. Det finnes 11,000 søster kirker verden rundt medregnet 56 innenlandske søster kirker, og hittil har mer enn 102 misjonærer blitt sendt til 26 land, iberegnet Amerika, Russland, Tyskland, Canada, Frankrike, India, Kenya, og mange flere land.

Fra og med dagen da denne boken ble utgitt, har Dr. Lee skrevet 111 bøker, iberegnet bestselgere som *Å Smake På Det Evige Livet Før Døden, Mitt Liv Min Tro I & II, Korsets Budskap, Troens Målestokk, Himmelen I & II, Helvete, Våkn Opp, Israel!*, og *Guds Makt*. Hans arbeide har blitt oversatt til mer enn 76 språk.

Hans Kristelige spalte kan sees på *The Hankook Ilbo, The JoongAng Daily, The Chosun Ilbo, The Dong-A Ilbo, The Seoul Shinmun, The Kyunghyang Shinmun, The Korea Economic Daily, The Shisa News*, og *The Christian Press*.

Dr. Lee er for tiden lederen av mange misjons organisasjoner og foreninger. Stillinger inkluderer: Formann, The United Holiness Church of Jesus Christ; Bestående President, The World Christianity Revival Mission Association; Grunnlegger & Styre Formann, Global Christian Network (GCN); Grunnlegger & Styre Formann, World Christian Doctors Network (WCDN); og Grunnlegger & Styre Formann, Manmin International Seminary (MIS).

## Andre prektige bøker fra den samme forfatteren

### Himmelen I & II

Et detaljert utdrag av de forferdelig flotte omgivelsene som de himmelske innbyggerne nyter og vakker beskrivelse om forskjellige nivåer av de himmelske kongerikene.

### Korsets Budskap

Et mektig og oppvekkende budskap for alle menneskene som sover åndelig! I denne boken vil du finne grunnen til at Jesus er den eneste Frelseren og Guds virkelige kjærlighet.

### Helvete

Et oppriktig budskap til alle mennesker ifra Gud, som ikke ønsker at en eneste sjel skal falle inn i dypet av helvete! Du vil oppleve en beretning som aldri før har blitt avslørt om den grusomme virkeligheten til det Lavere Dødsrike og helvete.

### Ånd, Sjel og Kropp I & II

En reisehåndbok som gir oss åndelig forståelse angående ånden, sjelen, og kroppen, og som hjelper oss å finne hva slags 'ego' vi har laget, slik at vi kan få makten til å seire over mørket og bli et åndelig menneske.

### Troens Målestokk

Hva slags oppholdssted, kroner og belønninger blir forberedt for deg i himmelen? Denne boken gir deg visdom og veiledning slik at du kan måle din tro og kultivere den beste og mest modne troen.

---

### Våkn Opp Israel

Hvorfor har Gud holdt øye med Israel helt fra verdens begynnelse og til denne dagen? Hva slags forsyn har Han forberedt for Israel de siste dagene, de som venter på Messias?

---

### Mitt Liv, Min Tro I & II

Den vakreste åndelige duften fra livet som blomstret sammen med en uforlignelig kjærlighet for Gud, midt i de mørke bølgene, kalde åkene og de dypeste fortvilelsene.

---

### Guds Makt

Dette er noe som en må lese og som gir oss en nødvendig veiledning hvor en kan ha sann tro og erfare Guds vidunderlige makt.

---

www.urimbooks.com

www.ingramcontent.com/pod-product-compliance
Lightning Source LLC
LaVergne TN
LVHW041806060526
838201LV00046B/1145